T0194515

Liberaldemokratie

Max Meyer

Liberal-
demokratie

Wohlstand zwischen Freiheit
und autokratischer Führung

Max Meyer
Bern, Schweiz

Übersetzt von Christina Warren, Business English Consulting GmbH
Bern, Schweiz

ISBN 978-3-658-30477-5   ISBN 978-3-658-30478-2 (eBook)
https://doi.org/10.1007/978-3-658-30478-2

Die Deutsche Nationalbibliothek verzeichnet diese Publikation in der Deutschen
Nationalbibliografie; detaillierte bibliografische Daten sind im Internet über http://
dnb.d-nb.de abrufbar.

Springer

Springer ist ein Imprint der eingetragenen Gesellschaft Springer Fachmedien
Wiesbaden GmbH und ist ein Teil von Springer Nature.
Die Anschrift der Gesellschaft ist: Abraham-Lincoln-Str. 46, 65189 Wiesba-
den, Germany

Vorwort

Noch nie in der Geschichte ging es uns Menschen so gut. Erstmals erleben viele eine längere Periode ohne Hungersnot, ohne Krieg im eigenen Land und ohne unbekämpfbare Seuchen. Es herrscht in weiten Gebieten auf der Erde ein erstaunlicher Wohlstand nicht nur für eine reiche Schicht, sondern für viele. Doch wohin treiben diese privilegierten Gesellschaften? Haben sie überhaupt ein langfristiges Ziel – eine Art Berufung – und kennen sie den Weg dorthin? Oder überlassen sie ihr Schicksal dem Zufall, indem sie sich nur um das Tagesgeschäft kümmern?

Wieso überhaupt sind manche Länder reich, während andere Regionen scheitern? Was macht den Erfolg eines Landes oder auch eines Unternehmens aus? Warum bleiben andere Länder oder Unternehmen stehen?

Am Anfang gehe ich auf die Frage ein, wie sich die europäische Kultur von anderen Kulturen unterscheidet und welches die Bedeutung der Menschenrechte für den Wohlstand und das Wohlbefinden der Menschen ist. Ich komme dann auf den Liberalismus, auf seine Stärken und Schwächen sowie auf die Voraussetzungen für wirtschaftlichen

Erfolg zu sprechen. Es ist vor allem eine stabile Demokratie – die Liberaldemokratie.

Wohlstand ist kein Naturgesetz, er muss erarbeitet werden. Freiheit, Demokratie, ein funktionierender Staat sowie ein starker Mittelstand sind das notwendige Fundament hierzu. Sie stehen am Anfang nachhaltiger Prosperität. Dieses Buch will aufzeigen, welche Faktoren für den Aufstieg einer Gesellschaft an die Spitze entscheidend sind und was die Menschen antreibt oder hindert am Streben nach sinnvoller, werteschaffender Tätigkeit und Glück. Das Leben im Wohlfahrtsstaat kann die Bürger leicht von diesem Fokus ablenken. Politische Parteien und Ideologen irritieren die Gesellschaft immer wieder mit alten oder neuen Lösungsansätzen, die nicht funktionieren.

Als Schweizer möchte ich andere Länder oder gar die europäische Union nicht kritisieren, sondern allenfalls nur analysieren. Ich weiß, dass ich damit eine Außensicht vertrete, die der Leser akzeptieren kann oder auch nicht. Am Schluss formuliere ich verschiedene Thesen. Sie sind als Leitfaden an die Politik, an die Entscheidungsträger und an die Jugend zur Gestaltung einer erfolgreichen Zukunft gedacht.

Mit dieser Schrift möchte ich am Ende meiner beruflichen Tätigkeit meine Erfahrungen und Erkenntnisse als Anwalt, als Gründer und Inhaber verschiedener Firmen, als Verwaltungsrat auch größerer Firmen, als Investor und teilweise auch als Politiker weitergeben.

Viele meiner Gedanken sind auch schon von anderen Autoren niedergeschrieben worden. Vieles ist nicht neu gedacht, sondern nur „nach-gedacht". Immerhin sind der Blickwinkel individuell und die Gewichtung der Themen subjektiv entsprechend dem Empfinden des Verfassers.

Ich danke Robert Lombardini, meinem Freund aus einem 1991 gemeinsam verbrachten Sommer an der Stanford University, und auch meinem Freund Peter Everts für die vielen kritischen Bemerkungen zum Text und die Anregungen zum Inhalt.

Bern, Schweiz   Max Meyer

Inhaltsverzeichnis

1

Europäische Werte

Zusammenfassung Der Mensch kann Werteordnungen schaffen. Es sind gemeinsame Vorstellungen und gemeinsame Verhaltensregeln einer Menschengruppe, wie Ideologien, Religionen, Kulturen, aber auch die Regeln einer Jugendbande, von Clans oder einer Firma. Indem viele Menschen in einer Werteordnung dieselben Ansichten teilen, entsteht ein Zusammengehörigkeitsgefühl, das die Aktivitäten in eine Richtung lenkt. So kann eine größere Masse auf dieselben Werte und Ziele ausgerichtet und mobilisiert werden. Das bedeutendste Wertesystem sind die Menschenrechte. Es entstand in Europa, basiert auf dem Drang nach Freiheit und führte u. a. zur Trennung von Kirche und Staat.

1.1 Werteordnungen

Wie nehmen wir Menschen die Welt wahr und was unterscheidet uns dabei von den Tieren? Tiere können nur den Augenblick, die konkrete Gegenwart erkennen. Zwar sind sie sich ihrer Persönlichkeit bewusst. Ein Hund weiß, wer er ist, kennt seinen Namen und reagiert auf ihn. Das Tier hat aber kein erweitertes Bewusstsein; es kann sich nicht Dinge vorstellen, ist also im Unterschied zum Menschen nicht befähigt, auch die Vergangenheit sowie die Erwartungen für die Zukunft in seine Beurteilung der Gegenwart einzubeziehen.

Im Gegensatz zu den Tieren kann sich der Mensch Dinge vorstellen. Er kann sich etwas vorstellen, das in der Realität nicht existiert, sondern eben nur in seiner Vorstellung – in seinen Plänen, in seinen Zielen, in seinen Wünschen, in seinen Träumen.

» Der Mensch kann sich Dinge vorstellen, die es nicht gibt.

Indem wir die Zukunft oder die Vergangenheit in unsere Überlegungen einbeziehen und uns dabei Dinge vorstellen, die es eben nicht gibt, können wir planen und die Zukunft gestalten.

Ferner ermöglicht uns diese Fähigkeit, eine *Werteordnung* aufzubauen. Indem wir Vorstellungen haben, die einer Phantasie entsprechen, können wir uns Denk- und Verhaltensweisen aneignen, die wir in unserer Vorstellung als richtig empfinden. Solche Regeln entwickeln viele für ihr eigenes Verhalten, indem sie für ihr Leben Grundsätze haben, die sie befolgen. Oft aber werden Denk- und Verhaltensweisen nicht selbst gestaltet. Sie entstammen vielmehr einer Kultur, in die man hineingeboren wird und die man schon als Kind als Werteordnung wahrnimmt, in der man zu leben hat. Oder sie werden von einem Vorbild vorgelebt, entstammen also von einer Führungskraft, die sie propagiert, wobei andere sich anschließen und die Regeln übernehmen. Die Führungskraft kann religiöser oder politischer Natur sein. Religiöse Führungskräfte sind Sektenführer, Gurus, bis hin zu Religionsstiftern oder Propheten. Politische Führungskräfte, die eine eigene Werteordnung schaffen und verbreiten, sind Autokraten oder Diktatoren wie Hitler, der den Nationalsozialismus als Werteordnung einführte. Solche Werteordnungen können sich über längere Zeit entwickeln und sich – wie z. B. Religionen – auch sehr lange halten, sie können aber auch kurzfristig entstehen und wieder entschwinden, wie z. B. die Verhaltensregeln in Jugendbanden oder in Sekten.

Ein Wertesystem besteht aus *gemeinsamen Vorstellungen* und *gemeinsamen Verhaltensregeln* einer Menschengruppe. Einige Beispiele für Vorstellungs- oder Verhaltensmuster einer Wertordnung sind: An was soll man glauben und an was darf man nicht glauben, weil es ketzerisch ist? Wie begrüßt man sich? Indem man die Hände schüttelt, indem man sich gegenseitig verbeugt, mit dem Hitler-Gruß oder indem Jugendliche die linke offene Hand gegeneinander schlagen? Ist vorehelicher Sex erlaubt oder streng verboten? Steht die Menschengruppe positiv zur Homosexualität (antikes Griechenland) oder negativ? Darf man töten und wenn ja, wann (im Krieg, aus Blutrache oder als Todesstrafe)? Sind wir für Demokratie oder bevorzugen wir eine starke zentrale Führung (Autokratie)?

Der Mensch kann also im Gegensatz zum Tier ein *Wertesystem* schaffen. Es gab und es gibt zahlreiche Wertesysteme, in denen Menschen leben. Wir nennen sie eine Ideologie, eine Religion oder eine Kultur (selbst eine Firmenkultur ist ein solches System). Es verbindet die Betroffenen (einen Clan, eine Firma oder ganze Nationen), hält sie zusammen und befähigt sie, *ein gemeinsames Ziel anzustreben*. Zum Beispiel eine NASA aufbauen können Tiere nicht.

Dadurch, dass viele Menschen in einer Werteordnung dieselben Ansichten teilen, ist es möglich, ein Zusammengehörigkeitsgefühl in einem Clan bis hin zu Tausenden von Individuen zu erzeugen und ihre Aktivitäten in eine Richtung zu lenken. Der heutige Mensch kann größere Massen auf dieselben Werte ausrichten und mobilisieren. So entstanden politische Ideologien, Mythen oder auch Religionen.

Indem der Mensch in einem Wertesystem mit anderen „Gleichgesinnten" lebt, empfindet er dieses Wertesystem als seine Kultur und daher als gerecht. Er wird es kaum ernsthaft hinterfragen. Im Gegenteil wird er es mit rational nicht verständlichen Argumenten verteidigen und dabei emotional und allenfalls sogar aggressiv handeln. Zweifelt er aber am Wertesystem, in welchem er lebt, dann wird er das selten öffentlich sagen, weil er in einer Minderheit ist und zum Außenseiter würde. Daher rechtfertigt sich, solche Ordnungen von außen zu beurteilen und zu prüfen, welches System wirklich gerecht ist und der Menschheit einen moralischen oder wirtschaftlichen Fortschritt bringt. Interne Rechtfertigungen durch Anhänger sind zu wenig rational.

1.2   Entwicklung der Menschenrechte

Ein bedeutendes Wertesystem sind die *Menschenrechte*. Sie sind eines der wichtigsten Wertesysteme überhaupt und sie gewannen auf der ganzen Welt enorm an Bedeutung. In der westlichen Welt wurden sie zur Grundlage des Zusammenlebens.

》Europa ist die Wiege der Menschenrechte.

Die Menschenrechte sind eine europäische Errungenschaft, die zwar in Gebieten mit europäischer Tradition (USA, Kanada, Australien, etc.) und auch in einigen asiatischen Staaten (Japan, Südkorea, Taiwan) übernommen wurden, jedoch in anderen Regionen der Erde keine Tradition haben und dort oft sogar abgelehnt werden. Sie entwickelten sich in vielen Schritten über Jahrhunderte, wobei oft nach einem Schritt eine autokratische Phase folgte, in welcher die Freiheiten erneut unterdrückt wurden. Die Geschichte verlief auch hier in Zyklen. Wichtig ist, dass die Menschenrechte dabei nicht untergingen, sondern im Bewusstsein der Menschen haften blieben und immer stärkere Konturen annahmen. Sie entwickeln sich auch heute noch weiter.

Die Meinungs- und Redefreiheit als Kern der Menschenrechte galt für die freien Bürger faktisch bereits im antiken Griechenland, wo auch die Demokratie erstmals erprobt wurde. Sie wurde von Rom in der republikanischen Phase übernommen, allerdings wiederum beschränkt auf die römischen Bürger, die sich in den Volksversammlungen weitgehend frei äußern durften. Für viele andere galt eine menschenunwürdige Sklavenhaltergesellschaft. Im Mittelalter wurden die Menschenrechte unterdrückt. In dieser dunklen Periode der europäischen Geschichte galt ein Wertesystem, das autoritär von oben diktiert wurde. Gott, vertreten durch seine Statthalter auf Erden sowie die weltlichen Herrscher, bestimmte, wie man sich zu verhalten hatte und was man glauben musste.

In der Reformation lehnten sich Menschen erstmals wieder gegen die autokratischen Autoritäten auf und die europäische Aufklärung leitete die Wende ein. Sie fand ihren ersten Höhepunkt in der französischen Revolution, die mit dem Ruf „Liberté, Egalité, Fraternité" die Freiheit und Gleichheit der Menschen forderte, die Kirchen plünderte und säkularisierte sowie die Königsfamilie köpfte. Die Meinungs- und Redefreiheit aus der Antike lebte wieder auf. Sie wurde verfeinert, es kamen Versammlungs- und Pressefreiheit sowie später auch die Eigentumsgarantie sowie die Handels- und Gewerbefreiheit dazu. Natürlich basiert jede Epoche auch auf Wurzeln früherer Epochen und gerade die Aufklärung, welche den Menschen als Vernunftwesen begriff, das autonom über Wahrheit und Irrtum befinden kann, stützte sich auch auf Denker aus früheren Zeiten. Und selbstverständlich gab es immer wieder auch Rückschläge, zum Beispiel durch Napoleon, der ganz Europa mit Krieg überzog, oder durch zwei fürchterliche Weltkriege. Wichtig aber ist, dass die einmal geweckte Sehnsucht nach Freiheit und Gerechtigkeit in den Köpfen der Menschen blieb und durch keinen Autokraten mehr vollständig unterdrückt werden konnte. Im Gegenteil gewannen die Menschenrechte nach jedem Rückschlag immer bessere Konturen, wurde ausgefeilt und später sogar in der Europäischen Menschenrechtskonvention verbrieft. Sie fanden schließlich in die meisten Verfassungen der modernen europäischen Staaten und in die „Allgemeine Erklärung der Menschenrechte" der UNO Eingang, womit sie eigentlich weltweit gelten sollten.

1.3   Trennung der Kirche vom Staat

Ein wichtiger Schritt war die Trennung von Kirche und Staat, die nicht nur eine Trennung war, sondern in Europa die Unterwerfung der Kirche unter die staatlichen Regeln bedeutete. Das von der Kirche und der Krone im Mittelalter geschaffene autoritäre politische Gefüge, das von oben diktierte Werte befolgte, wurde nach und nach ersetzt. Indem die Kirche dem Staat untergeordnet wurde, waren es nun die staatlichen Behörden, welche durch Gesetze die Werteordnung festlegten, wobei diese Gesetze zunehmend auf demokratischem Weg erlassen wurden. Sie standen oft geradezu im Gegensatz zu den religiösen Werten; der Einfluss der Kirche schwand. Je weiter sich eine Region demokratisch und wirtschaftlich entwickelte, umso geringer ist ihr Einfluss geworden.

Verschiedentlich wird die christliche Tradition des Abendlandes als Wert betont und mit Humanismus, Meinungsfreiheit, ja sogar mit Religionsfreiheit und Frieden gleichgesetzt. Diese Auffassung geht davon aus, solche Errungenschaften seien Bestandteil der *christlichen* abendländischen Kultur. Sie verkennt, dass es die durch die Reformation und insbesondere durch die Aufklärung eingeleitete Entwicklung brauchte, um dem Individuum die Freiheit zurückzugeben und ihm zu erlauben, zu denken, was es will. Erst seither wurde der Mensch schrittweise in seinem Glauben frei. Die Religionsfreiheit basiert auf der abendländischen *freiheitlichen* Tradition; sie wurde gegen den Willen der katholischen Institutionen und der Aristokratie durchgesetzt. Letztlich basieren die Freiheitsrechte also nicht auf dem Christentum der früheren katholischen Kirche, sondern auf dessen Überwindung und Unterwerfung unter neue staatliche Regeln, die der Tradition der Menschenrechte und der Demokratie folgen. Das Christentum war im Mittelalter, wie manche andere Religion, weder friedlich noch freiheitlich. Es war intolerant, verstand sich als einzige wahre Religion, verlangte seine Ausbreitung durch Mission, und erst die Reformation und insbesondere die Aufklärung sowie die faktische Auflösung des Kirchenstaates durch Napoleon zwangen es zu einer friedlichen abendländischen Tradition.

Die katholische Kirche als autokratische Institution ist zu unterscheiden vom Christentum; einem Christentum, wie es aus der Bibel anders interpretiert werden könnte, als es katholische Hierarchien mit ihrem Anspruch auf Unfehlbarkeit tun. Sie ist ferner zu unterscheiden vom individuellen Glauben, der heute respektiert wird, und zwar in den meisten Facetten, die sich ein Mensch in seiner Fantasie ausdenken kann. Er hat nichts mit der kirchlichen Werteordnung zu tun.

Immerhin änderte sich der Begriff „Gott" mit der Zeit. Da sich der Mensch Dinge vorstellen kann, die es nicht gibt, erfand er in der Antike eine Götterwelt mit zahlreichen Geschichten um Götter, Gespenster, Feen, etc. Später wandelte sich seine Vorstellung. Die früheren Mythen wurden abgelöst durch die Vorstellung eines Gottes, wobei es daneben immer auch weitere göttliche Wesen (Engel, Heilige) gab. Dieser Gott ist allmächtig. Zu ihm kann man beten, er leitet einen und er kann Wunder vollbringen. Aber auch dieser Gott als Superhirn, das mit Milliarden Menschen individuell kommuniziert und sie gar gegensätzlich unterstützt,[1] wurde im Zuge der Aufklärung unglaubwürdig. Die Vorstellungen änderten sich erneut. Insbesondere in den westlichen Wohlfahrtsstaaten läuft der Trend gegen die Religion; die Zahl der Agnostiker, die nur noch an eine weit entfernte Macht glauben, oder gar der Atheisten nimmt zu.[2] Nach neusten Umfragen glaubt kaum jemand in Europa mehr an die Hölle oder an den Himmel und

---

[1] In früheren Kriegen haben Priester auf beiden Seiten den Kampf unterstützt und sogar die Kanonen gesegnet.

[2] Es gibt Leute, die den Beweis von Gott durch Erscheinungen erbringen, die ihnen wiederfuhren. Sie hatten ein Erlebnis, dass nur mit göttlicher Einwirkung erklärbar ist. Hier ist es schwierig entgegenzuhalten, weil die Erscheinung durch das ständige Erzählen immer wahrer wird. Es entspricht unserer Religionsfreiheit, wenn ein Individuum an solche Erscheinungen glaubt. Der aufgeklärte Humanist ahnt, dass es sich um Halluzinationen oder gar nur um Wichtigtuerei handelt, und glaubt selbst, was er will. Aber jeder individuelle Glauben hat nichts mit der obrigkeitlich diktierten kirchlichen Werteordnung zu tun. Er ist im Gegenteil nur möglich (und führt nicht zur Hexenverfolgung) dank der staatlich garantierten Meinungsfreiheit.

noch gerade 40 % der Leute glauben an ein Leben nach dem Tod.[3] Wenn es aber kein Leben nach dem Tod gibt, gibt es dann überhaupt einen Gott?

1.4 Demokratie mit Gewaltentrennung

Der absolute Anspruch der Monarchie und das autoritäre Verhalten der katholischen Kirche wurden im Abendland abgelöst. In den Jahrhunderten nach der Aufklärung entstand trotz zahlreicher Rückschläge ein Wertesystem, das auf den Menschenrechten, insbesondere auf der individuellen Freiheit beruht.

Damit aber diese Werte auf Dauer gesichert sind, war auch die Anpassung der staatlichen Autorität notwendig. Autokratische Herrscher wurden nicht mehr hingenommen.[4] Montesquieu propagierte die Gewaltentrennung, die in den USA zum System der „Checks and Balances" wurde. Die Demokratie konnte sich etablieren. Sie basiert auf der Macht des Volkes. Das neue, von Europa geschaffene Wertesystem *ist die auf den Menschenrechten basierende Demokratie.*[5]

---

[3] Laut einer Umfrage im Auftrag des Spiegels vom März 2019 (Der Spiegel 2019) glauben 55 % der Deutschen an „einen Gott". An Engel oder an ein Leben nach dem Tod glauben noch 40 %; besonders skeptisch zeigt sich die Altersgruppe, die dem Tod am nächsten ist: Nur 29 % derer, die 65 Jahre und älter sind, erwarten ein Leben danach. Unter den Jüngeren liegt der Anteil deutlich über 40 %. An eine Hölle glauben noch 13 % und an den Teufel 26 %. Laut einer INSA-Umfrage im Auftrag der Bild-Zeitung anlässlich des Pfingstfestes 2019 (Link 2019) glauben 39,2 % der Deutschen, dass es einen Gott gibt. 51,8 % glauben das nicht. An die Existenz des Himmels glauben 29,3 % und an die der Hölle 14,5 %.

[4] Der letzte absolute Herrscher in Westeuropa ist der Papst.

[5] Es gibt in Europa keinen Clash der Religionen (Christen vs. Muslime), sondern vielmehr einen Clash der Systeme, nämlich zwischen dem säkularen System, das die Kirche den staatlichen Regeln unterordnet, und dem autoritär-religiösen System mit einer von der Kirche diktierten Wertordnung. Viele Zuwanderer kommen aus Gebieten ohne Aufklärung. Ihnen muss das säkulare System nun erklärt werden.

2

Liberalismus

Zusammenfassung Der Liberalismus ist kein politisches System. Es sind Spielregeln für die Wirtschaft. Sie bewirken infolge des Wettbewerbs einen enormen Fortschritt und einen in der Geschichte der Menschheit noch nie erreichten Wohlstand. Voraussetzung ist die Beachtung der Menschenrechte mit individueller Freiheit, die nur in einer Demokratie gewährleistet ist. Liberalismus ist die freie Marktwirtschaft in Verbindung mit Menschenrechten und Demokratie. Fortschritt bis zur Spitze ohne Freiheit ist kaum möglich und Autokratien werden immer etwas zurückbleiben. Zwar können Autokraten die ersten Schritte zum Wohlstand mittels zentraler Führung effizient erreichen. Wenn aber ein gewisser Wohlstand erreicht ist, dann verlangen die Menschen nach Freiheit und Mitbestimmung – also nach Wohlbefinden. Das garantiert nur eine Demokratie.

© Der/die Herausgeber bzw. der/die Autor(en), exklusiv lizenziert durch **11**
Springer Fachmedien Wiesbaden GmbH, ein Teil von Springer Nature 2020
M. Meyer, *Liberaldemokratie*,
https://doi.org/10.1007/978-3-658-30478-2_2

2.1   Liberale Marktwirtschaft

Die Menschenrechte, insbesondere die individuellen Freiheiten in Verbindung mit weiteren Grundrechten wie der
Eigentumsgarantie und der Handels- und Gewerbefreiheit,
führten zur Marktwirtschaft und zu einem System, das wir
Kapitalismus nennen. Allerdings ist das Wort mit einem ne-
gativen Unterton verbunden. Der Kapitalismus stand im
20. Jahrhundert im Gegensatz zum Kommunismus, sodass
die Leute damals fast nur wählen konnten, entweder Kom-
munist oder Kapitalist zu sein. Während der Kommunismus als das System betrachtet wurde, das allein der Welt
Gerechtigkeit bringen konnte, galt der Kapitalismus oft als
das schlechtere System, in dem Arme erniedrigt und aus-
genutzt werden. Auch heute werden Kapitalisten mitunter
noch als reiche Ausbeuter verstanden. Um diese negative
Konnotation von „Kapitalismus" zu vermeiden, bevorzuge
ich nachfolgend stattdessen, mit dem Begriff „Liberalismus" zu arbeiten. Ich verstehe darunter die freie Marktwirtschaft in Verbindung mit den Menschenrechten sowie der
Demokratie.

Liberalismus bedingt ein funktionierendes Rechtssystem
und gebildete Bürger, sowie ein weitgehend homogenes
Wertesystem. Der mittelalterliche Markt ohne Rechtsschutz und mit der Dominanz der Mächtigen genügte
nicht. Erforderlich sind die absolute Geltung der Freiheitsrechte, der Rechtsschutz gegenüber jedermann, der Schutz
des Eigentums (auch des geistigen Eigentums), etc. – also
ein Rechtsstaat.

Der Liberalismus ist in vielen Ländern erfolgreich. Er hat
in der mehrere tausend Jahre alten Geschichte der Menschheit *erstmals* zum Wohlbefinden vieler in Freiheit, zu einer
steilen Zunahme des Wohlstandes ebenfalls für viele sowie

zu enormem technischen und wissenschaftlichen Fortschritt geführt.

Insbesondere die freie Marktwirtschaft zwingt jeden Konkurrenten, besser zu sein als der andere. Es gilt mit Innovation und Erfindungsgeist den Erfolg voranzutreiben. Derweil haben alle linken Systeme versagt (Sowjetunion, Venezuela, Kuba, DDR) und es gibt kein einziges Beispiel, da ein linkes System zum Erfolg führte (vgl. Abschn. 2.3 oder 4.5).

Doch nur dann, wenn Kapital und Arbeit in einem ausgewogenen Verhältnis stehen, ist das System auch gerecht. Wir wissen, dass Kapitalismus zu Ungleichheiten, zu Geld- oder Machtakkumulation einer Gruppe führen kann. In einer solchen Situation wird nicht mehr der allgemeine Wohlstand durch das liberale System gefördert, sondern der Wohlstand einer Geld- oder Machtelite. Daher braucht der Liberalismus Regeln, um solches zu verhindern. Auf diese Regeln werde ich noch eingehen. Sie gibt die Demokratie vor. Wo der Bürger die Macht hat und wo jedermann gleiche Rechte und Pflichten sowie gleiche Transparenz und Informationen hat, werden Machtauswüchse verhindert. Wenn jeder Bürger eine Stimme hat, sorgen die Gesetze dafür, dass alle am Wohlstand teilhaben.

Nur wo die liberale Marktwirtschaft mit einer echten Demokratie, also auch mit Informations- und Pressefreiheit verbunden ist, führt das System zu nachhaltigem Wohlstand und zur langfristigen Zufriedenheit der Bürger in Freiheit.[1] Wir nennen dieses System die *Liberaldemokratie*.

---

[1] Wo Milliardäre mit modernsten Werbemethoden weniger gebildete Bürger beeinflussen und erreichen, dass die Armen unwissend für die Anliegen der Reichen stimmen (Tea-Party und andere Bewegungen in den USA), kommt das System an seine Grenzen. Demokratie setzt Bildung voraus (siehe Kap. 10).

2.2 Meinungsfreiheit auch für Querdenker

Die ständige Konkurrenz im freien Wettbewerb verlangt, dass an den Produkten und den Dienstleistungen gearbeitet und getüftelt wird und dass laufend Verbesserungen angebracht werden. Das können nur Menschen tun, die frei denken und handeln dürfen. Es braucht initiative Leute, die Marktnischen sehen, Kunden zuhören, Risiken übernehmen und Ideen auch verwirklichen können. Diese Leute treiben den Fortschritt voran. Sie genügen aber nicht, um die Entwicklung um den letzten kleinen, aber entscheidenden Quant voranzubringen. Hierzu braucht es kreative *Querdenker,* die über die konventionellen Grenzen hinaus Meinungen formulieren und neue Ideen entwickeln. Solche Querdenker sind nicht immer angenehm, weil sie vieles in Frage stellen und oft an den bestehenden Machtstrukturen rütteln. Sie haben auch nicht immer Recht oder Erfolg. Vieles scheitert, weil es illusorisch oder schlechtweg falsch ist. Nur wenige dieser Ideen bringen es zum Durchbruch. Solche Querdenker muss ein freies System dulden, ihnen darf nichts geschehen. Sie können nur aktiv sein in einer freiheitlichen Ordnung. Sie brauchen zwingend Gedanken- und Redefreiheit. Das betrifft nicht nur die eigentliche Produkte- und Dienstleistungsinnovation, sondern das politische System überhaupt. Denn auch eine Gesellschaft wandelt und entwickelt sich. Auch hier haben Querdenker zu erfolgreichen Neuerungen beigetragen.

Während sich einem repressiven, autokratischen System nur hie und da ein sehr mutiger Dissident entgegenstellt, der für seine Werte oft auch das Leben riskiert, führt der liberale Fortschritt mit der Meinungs- und Redefreiheit zu vielen ultimativen Querdenkern, welche die politische oder wirtschaftliche Innovation in letzter Konsequenz vorantreiben.

2.3 Fortschritt auch ohne Freiheit?

Es gibt Länder, die von der Marktwirtschaft profitieren und am wirtschaftlichen Aufschwung teilhaben wollen, ohne die Menschenrechte zu respektieren. Sie behaupten, sie hätten eine andere Kultur, die es zu respektieren gelte. Die europäischen Menschenrechte gehörten nicht dazu.

Solche Länder (wie China, Russland oder Länder mit einem theokratisch/religiösen System in Arabien) machen für sich geltend, ihre Werte stünden vor den Menschenrechten. Diese Werte seien durch die Zentralgewalt nötigenfalls auch gegen die Menschenrechte durchzusetzen. Unter dem Vorwand, sich gegen die Einmischungen von außen zu wehren, behaupten sie, dass es ihre kulturellen Werte gegen die europäischen zu verteidigen gelte, wobei sie die Menschenrechte als europäische Werte qualifizieren, die sie gerade deswegen ablehnen. Sie blenden aus, dass die individuelle Freiheit, die auch Querdenker duldet, die Voraussetzung dafür ist, dass die Entwicklung auch in neue Richtungen geht. Wer mit einem zentralen Regierungssystem die bisherigen Kultur- und Machtverhältnisse schützt, verhindert die entscheidenden letzten Schritte in der Innovation. Wer wegen solcher Werte die Menschenrechte beschränkt, der verhindert die letzte Stufe zum Fortschritt. Länder oder Systeme, die ihre eigenen kulturellen Werte gegen die Menschenrechte schützen, werden nicht bis zur Spitze vorrücken. Das gilt für alle zentral und autokratisch geführten Staaten ohne politischen Wandel. Denn „damit das Mögliche überhaupt entstehen kann, muss immer wieder das Unmöglich versucht werden" (Hermann Hesse, zit. in Lindenberg 2008).

Dazu kommt, dass die individuellen Freiheitsrechte, wenn sie einmal geweckt wurden, zu einem Bedürfnis jedes Menschen werden. In dieser Beziehung sind alle Menschen gleich. Solche Bedürfnisse können nicht mit dem Hinweis auf eine andere Kultur, andere Verhältnisse und Werte einfach abgewürgt werden. Ein Blick auf das heutige Europa und seine Umgebung zeigt: Der Kern von Europa ist inzwischen stabil demokratisch. Die Länder hier werden wohl kaum mehr Kriege gegeneinander führen, wie sie das noch in zwei Weltkriegen taten. Die Konflikte haben sich an die Peripherie von Europa verlagert. In all diesen Konflikten – ob in der Ukraine, in den nahöstlichen Ländern oder im früheren Jugoslawien – sehnen sich viele Leute nach den europäischen Werten von Freiheit und Demokratie, während die Kaste an der Macht ihre Privilegien zu verteidigen sucht. Auf Dauer wird sich diese Kaste nicht halten können und selbst in Russland werden die europäischen Werte das Regime mit der Zeit untergraben. Denn wenn irgendwo Freiheit herrscht, schauen und wandern die Leute dorthin. Das gilt auch in Asien, wie die Massenproteste in Hong Kong von über einer Million Menschen (Juli 2019) zeigen, oder in Südamerika, wo in verschiedenen Ländern in Massen protestiert wird. Wenn die Leute die Freiheit kennen, dann lehnen sie Beschränkungen wie die Auslieferung ihrer Bürger in ein Land ohne unabhängige Gerichte ab. Sie gewichten Freiheit höher als wirtschaftliche Prosperität; sie fühlen sich wohl in einer Gesellschaft ohne autokratische Willkür und nehmen dafür wirtschaftliche Unannehmlichkeiten in Kauf – zumal die weltweite Kommunikation zeigt, dass das freiheitliche System letztlich erfolgreicher sein wird. Das werden auch China und Russland lernen müssen.

2.4   Vom Wohlstand zum Wohlbefinden

In den aufstrebenden Staaten geht die Entwicklung vom *Wohlstand* zum *Wohlbefinden*. Menschen, die hungern müssen und denen es an Allem fehlt, streben *Wohlstand* an. Sie sehen, wie es in anderen Regionen der Erde gut geht und sie wollen, dass ihr Land zu diesen Regionen aufholt. Sie wünschen einen Standard, der ihnen nicht nur genügend zu Essen, sondern auch etwas Luxus wie Ferien, ein Auto, gute Schulbildung für ihre Kinder, medizinische Versorgung, etc. erlaubt. Hierzu nehmen sie eine diktatorische Führung in Kauf, sofern sie dieses Ziel glaubwürdig anstrebt. Denn eine solche Führung ist meist zielgerichteter als eine Demokratie – es geht schneller vorwärts – und eine hierarchische Ordnung sind diese Menschen ohnehin gewohnt, selbst wenn der Staat zur Erreichung des Ziels sogar die Menschenrechte missachtet. Bedingung ist allerdings, dass die Führung das Wohl aller anstrebt und kompetente wirtschaftliche Fachkräfte einsetzt. Wo es Autokraten nur um die eigene Macht geht – was meist der Fall ist –, wirkt die Betonung vom angeblich erfolgreichen Liberalismus bzw. vom Fortschritt durch Technokraten unglaubwürdig.

Hat das Land einen gewissen Wohlstand erreicht, dann beginnen sich die Menschen auch, *Wohlbefinden* zu wünschen. Dazu gehören Freiheit (Meinungs-, Rede-, Versammlungs- und Pressefreiheit) sowie Rechtsstaatlichkeit (unabhängige Gerichte, keine Korruption, etc.). Konkret wollen die Menschen die Freiheit haben, ihre Regierung zu kritisieren, ohne befürchten zu müssen, ins Gefängnis zu kommen. Sie wollen die Freiheit haben, eine Klage auch gegen den Staat einzureichen oder zu reisen, wohin sie wollen. Denn nur in einem solchen Umfeld fühlt sich der Mensch wirklich wohl. Nur eine derart freie Gesellschaft schafft auch das Klima, zu den anderen freien Gesellschaften aufzuholen und in der Forschung und Entwicklung zuvorderst mitzuarbeiten.

Eine freie Gesellschaft fußt auf Demokratie – auf einer Demokratie mit stabiler Verfassung und Gesetzen sowie unabhängigen Gerichten, damit die Drohung entfällt, mitten in der Nacht abgeholt und zum Schweigen gebracht zu werden. Sie fußt auf einer Kultur, die auf freien Wahlen, auf den Menschenrechten und auf der Menschenwürde beharrt. Diese Kultur muss so stabil sein, dass Freiheit und Rechtsstaatlichkeit unantastbar werden.[2] Wenn auch nicht alle Demokratien gleich erfolgreich sind, so gibt es doch nur Demokratien, welche die Freiheiten der Menschen schützen. *Weltweit existiert kein einziges politisches System, das die Menschenrechte schützt, jedoch keine Demokratie ist.*

Südkorea, Taiwan, Singapur und andere Staaten stiegen mit diktatorischer Führung zum Wohlstand auf und schafften danach den Übergang zu Freiheit und Rechtsstaatlichkeit (in Südkorea wurde selbst ein ehemals diktatorischer Präsident später durch die Gerichte wegen Korruption zu Gefängnis verurteilt). Die inzwischen zahlreichen Demonstrationen von Jugendlichen in wirtschaftlich aufsteigenden Nationen (Hongkong, Moskau, Kiew, Istanbul, in diversen südamerikanischen und sogar in nordafrikanischen Staaten, etc.) zeigen, dass der Übergang vom Wohlstand zum Wohlbefinden ultimativ verlangt wird. Auch China wird den Überwachungsstaat aufgeben und seinen Menschen Frei-

---

[2] Parag Khanna betont in seinem Buch „The Future is Asian" (2019) am Beispiel asiatischer Nationen immer wieder, dass eine autokratische Führung durch Technokraten effizienter ist als eine Demokratie, weil sie das Ziel des wirtschaftlichen Erfolgs effektiver anstrebt. Er beschränkt aber das Ziel auf den wirtschaftlichen Fortschritt, geht davon aus, dass die Führung im Interesse aller und nicht nur der eigenen Macht handelt und vernachlässigt, dass sich die nach dem Fortschritt gebildeten Menschen nur in Freiheit und in einem Rechtsstaat mit demokratischen Mitbestimmungsmöglichkeiten wirklich wohl fühlen.

heit mit Rechtsstaatlichkeit geben müssen, wenn es den letzten Schritt zu einer führenden Nation machen will.

Der Westen und mit ihm die freiheitsliebenden anderen Nationen werden die Oberhand behalten, solange in einem konsequent demokratischen System die Menschenrechte verteidigt werden und andere das nicht tun.

Europa hat das System der Menschenrechte in Verbindung mit der Marktwirtschaft der Welt gebracht. Die Menschenrechte sind wohl der bedeutendste Beitrag, den Europa für die Welt leistete.

3

Der Wandel und seine Folgen

Zusammenfassung Der Wettbewerb in Freiheit führt zu einem enormen Wandel. Eine Vielzahl neuer Entdeckungen mit technischem Fortschritt, aber auch immer wieder Änderungen in den Lebensumständen sind die Folge. Viele Leute schaffen das und sind enorm flexibel geworden. Es gibt aber auch Verlierer, die den Wandel nicht verkraften. Sie werden zu Kritikern des Systems.

3.1 Wandel als Folge des Liberalismus

Der Liberalismus fordert beschleunigten Wandel und er setzt voraus, dass sich die Menschen diesem Wandel stellen.

Die Meinungsfreiheit hat bewirkt, dass sich der Mensch von den starren mittelalterlichen Dogmen lösen und ohne Angst neue Ideen verfolgen konnte. Jede wissenschaftliche Richtung wurde nun ohne Vorurteile weiterentwickelt. Dabei stießen nicht nur die Geisteswissenschaften in neue

© Der/die Herausgeber bzw. der/die Autor(en), exklusiv lizenziert durch
Springer Fachmedien Wiesbaden GmbH, ein Teil von Springer Nature 2020
M. Meyer, *Liberaldemokratie*,
https://doi.org/10.1007/978-3-658-30478-2_3

Gebiete vor. Es gab auch unzählige technische Neuerungen und Erfindungen. Die Welt des Mittelalters musste sich einem Wandel unterziehen, der immer schneller wurde und dessen Kadenz bis heute geradezu exponentiell zunahm.

Waren in früherer Zeit neue Entdeckungen dem Zufall überlassen, so ist inzwischen die Forschung wie nie zuvor systematisiert worden. Sowohl Universitäten wie auch Firmen investieren in die Weiterentwicklung – und damit in den Wandel. Die Ergebnisse sind infolge der weltweiten Kommunikation meist jedermann zugänglich. So können Forscher nahtlos an die Erkenntnisse anderer irgendwo auf der Erde anknüpfen. Das führt dazu, dass die Intervalle zwischen Neuerungen immer kürzer werden. In allen wissenschaftlichen Gebieten schreitet die Entwicklung immer schneller voran.

Nicht nur die Technik, auch die persönlichen Verhältnisse, in denen wir leben, ändern sich. War es früher normal, dass man am Ort seiner Geburt starb und nur wenige Leute überhaupt umzogen, so ist heute das Gegenteil der Fall. Die psychologische Hürde, seine Heimat und Wurzeln aufzugeben, ist wesentlich geringer und die Menschen sind flexibler geworden. Dasselbe gilt für die Beziehungen. Freunde, Geschäftspartner und Arbeitsstelle werden gewechselt, während sie früher meist ein Leben lang hielten. Selbst die im Mittelalter heilige Ehe mit der Treue bis zum Tod wird heute oft geschieden, sodass in Verbindung mit der höheren Lebenserwartung viele Menschen in ihrem Leben mehrere dauerhafte Beziehungen erleben. Die „Ehe auf Zeit" wird zur Wirklichkeit.

Selbst in Organisationen (den Firmen, den Verwaltungen, dem Staat) verläuft der Wandel rasant. Es wechseln Technik, Arbeitsabläufe, Produkte, Markt, Nachfrage oder Bedürfnisse und Absatzmethoden. Neue Erkenntnisse in der Optimierung des menschlichen Zusammenwirkens führen zu neuen Führungsstrukturen. Neue Angebote führen zu neuen Firmen und alte verschwinden. Ein kontinuierlicher wirtschaftlicher und gesellschaftlicher Wandel ist die Folge.

3.2 Konsequenzen des Wandels

Nebst dem Wandel ist der moderne Mensch weiteren Eindrücken und Reizen ausgesetzt. Außerhalb des Hauses bewegt er sich nicht mehr in der Natur, sondern muss auf hektische Verkehrsteilnehmer achten, wird mit Reklamen überflutet und die moderne Kommunikation überhäuft ihn mit Nachrichten auf Handy, Tablet und im Fernsehen.

Die ständigen Wechsel und Reize zwingen zu Abwehrreaktionen. Der moderne Mensch filtert Eindrücke heraus, die für ihn nicht von Bedeutung sind. Er nimmt solche Eindrücke nur noch oberflächlich war, selbst wenn sie noch so eindrücklich sind. Anderseits hat die Flut der Reize auch die Nerven des modernen Menschen gestärkt. War der frühere reizungewohnte Mensch rasch überfordert und reagierte auf zu viele Eindrücke gleich perplex, so ist die Reizschwelle heute deutlich höher. Bei Jugendlichen, die ständig am Smartphone sind oder den Kopfhörer am Ohr haben, entsteht gar der Eindruck, dass sie ein gewisses Maß an Reizen brauchen, um ihr Hirn und Nervensystem zur Ruhe zu bringen.

3.3 Verhinderer

Trotzdem gibt es noch Menschen, die sich nur in der angestammten Umgebung und der eingespielten Lebensweise wohl fühlen. Sie werden verängstigt, wenn sich Dinge zu schnell ändern. Also widersetzen sie sich dem Wandel und empfinden ihn als Bedrohung, die sie bekämpfen. Ihr Verhalten führt dazu, dass der Wandel nur noch gegen Widerstand, also langsam und harzig erfolgen kann. Offenbar werden die Menschen umso träger, je besser es ihnen geht. In der wirtschaftlichen Hochkonjunktur nimmt die Zahl derjenigen Leute zu, die zufrieden sind mit dem Leben, die sich dem Wandel widersetzen und auf dem Erreichten ausruhen möchten. Die Geschwindigkeit des Wandels wird dadurch gebremst. Sinkt dagegen der Lebensstandard, fördert das den Kampfgeist derjenigen, welche die Konkurrenzfähigkeit wiedererlangen wollen, also den Wandel durch Erneuerungen fördern möchten. Demnach verläuft die Entwicklung in Zyklen. Die Bereitschaft zum Wandel nimmt ab in der Hochkonjunktur, die sich dadurch verflacht und zur Rezession wird. In der schlechten Zeit aber strengen sich die Leute an, die Strukturanpassungen werden nachgeholt, das Wachstum steigt und es entsteht erneut Hochkonjunktur.

Dieses System führt auch zu Opfern. Sie sind der Preis des raschen Fortschritts. Daher ist ein soziales Auffangnetz wichtig. Je schneller sich der Wandel vollzieht, umso größer ist die Anzahl der Leute, die ihn nicht mehr ertragen. Sie verurteilen die moderne Leistungsgesellschaft, mit der sie nicht mithalten und die sie nicht verkraften können und werden zu „Verhinderern", indem sie immer wieder fragen: „Braucht es denn das noch?" Zwar werden die meisten dieser Menschen auch eine ihrer Belastbarkeit entsprechende Tätigkeit in unserer Wirtschaft finden. Leider aber gibt es auch solche, die mit der Welt nicht mehr zurechtkommen und den Wandel nicht verkraften. Allzu einfach geben sie hierfür der Gesellschaft oder der Globalisierung die Schuld. Sind die wachsenden Probleme mit Randgruppen, Aussteigern und Drogenabhängigen oder die hohe Freitodrate der

Preis für eine sich rasch wandelnde und wirtschaftlich erfolgreiche Gesellschaft?

3.4 Das Ziel ist Flexibilität

Das Ziel jedes Menschen muss sein, flexibel zu bleiben. Er sollte Neuerungen nicht als Aufwand empfinden und bekämpfen, sondern positiv aufnehmen und zur Verbesserung seiner Situation akzeptieren. Ziel jedes Betriebes, ja jeden Landes, muss sein, eine Kultur zu schaffen, die den Wandel begünstigt und anstrebt. Wer in einer sich verändernden Welt nicht mithält, wird zurückbleiben und den Anschluss verlieren.

Für einen gut eingerichteten Betrieb, der rentiert, besteht die Gefahr, dass er sich nicht ständig erneuert und weder in seine Mitarbeiter noch in Forschung und Entwicklung investiert, sondern auf dem Erfolg ausruht. Vielleicht wehren sich auch die Mitarbeiter gegen Änderungen und das damit verbundene Umdenken, weil es ihnen gut geht. Die Konkurrenz aber forscht und investiert. Sie holt sich damit vorerst unmerklich und schleichend einen Vorsprung; ihre Produkte oder Dienstleistungen werden besser und billiger, diejenigen des stagnierenden Mitbewerbers veralten und er verliert Marktanteile und Umsatz. Das gilt für Firmen wie auch für ganze Volkswirtschaften. Mit der Zeit decken die Einnahmen die Kosten nicht mehr. Wenn auch die Reserven aufgebraucht sind, droht die Schließung bzw. der Kollaps. Dann rufen Arbeitnehmer und ihre Gewerkschaften nach dem Erhalt der Arbeitsplätze – und nach staatlicher Hilfe. Zwar überlebt der Betrieb durch solche Strukturerhaltung vorläufig. Investitionen zur Verbesserung der Konkurrenzfähigkeit aber werden wegen der fehlenden Mittel immer schwieriger.

Weil die Konkurrenz weiter investiert und sich verbessert, vergrößert sich der Abstand und die staatliche Hilfe wird unverhältnismäßig oder wirkungslos. Es bleiben nur noch zwei Möglichkeiten: Entweder übernimmt der Staat den Betrieb und verschwendet damit Steuergelder für unrentable Strukturen. Dabei droht er selber bankrott zu gehen, sollte er zu viele solche Betriebe übernehmen, denn die freie Wirtschaft andernorts ist immer effizienter. Oder aber der Betrieb wird grundlegend umstrukturiert, was nur mit schmerzhaften Eingriffen möglich ist. Die fehlende kontinuierliche Erneuerung, wie sie ein gesunder, konkurrenzfähiger Betrieb vorgenommen hätte, muss in einem einzigen Schritt nachgeholt werden.

Die Strukturerhaltung führt zu Nachteilen in der Konkurrenzfähigkeit. Daher sei noch einmal betont: Nur wer ständig erneuert, an seinen Produkten und Dienstleistungen arbeitet, seine Kosten immer wieder überprüft und strafft, bleibt konkurrenzfähig und bewahrt wirtschaftlich gesunde Arbeitsplätze. Nur wer Neuerungen begrüßt und eine Kultur schafft, die den Wandel begünstigt, wird an der Spitze bleiben.

Wenn infolge einer Umstrukturierung Arbeitsplätze verloren gehen, ist der Aufschrei gewiss. Das ist zwar menschlich für die Betroffenen verständlich, wirtschaftlich aber sind solche Maßnahmen in der Regel notwendig, um überleben zu können. In einer durch stetigen Wandel gestärkten Wirtschaft entstehen auch viele neue Arbeitsplätze – von denen die Medien dann allerdings weniger reißerisch berichten.

3.5   Auswirkungen auf ganze Regionen

Wettbewerb stimuliert auch in anderer Weise. Firmen, die auf demselben Gebiet an demselben Ort tätig sind, können derart miteinander wetteifern, dass sie zu Branchenführern und ihr Standort zum Zentrum dieser Branche werden.

Beispiele hierzu sind die frühere Autoindustrie in Detroit, die Chemieunternehmen in Basel, die Autoindustrie mit drei Weltmarken im Süden Deutschlands, die beiden Großbanken in der Schweiz und viele andere. Die oft erhobene Forderung, dass sich solche Firmen auf dem Weltmarkt zusammenschließen, um sich nicht unnötig gegenseitig zu konkurrieren, entspringt dem Drang nach Komfort. Ihre Befürworter verkennen, dass die Konkurrenz – der eigentliche Motor für den Erfolg von Firmen – damit entfiele. Der Tendenz zur Bequemlichkeit folgte schon bald der Niedergang.

Es verhält sich ähnlich wie bei Kartellen. Auch sie schaffen ein komfortables Polster und verleiten dazu, das ständige Ringen um Verbesserungen und Neuerungen zu vernachlässigen. Fällt dann irgendeinmal das Kartell, sind die betroffenen Betriebe nicht mehr konkurrenzfähig. Entweder vollziehen sie die Neuerungen in einem Schritt und unterziehen sich einer schmerzlichen Restrukturierung, oder sie gehen unter. Fällt ein Kartell, gibt es immer Gewinner und Verlierer. Gewinner sind diejenigen, die sich flexibel auffangen, verbesserte Angebote kreieren und in neue Märkte vorstoßen, kurz: die Chance nutzen. Verlierer indessen ruhen sich weiter aus, jammern, dass sie nicht mehr existieren könnten und rufen nach staatlicher Hilfe. Das Kartellgesetz wurde vielerorts verschärft und taugt nun zum Erhalt eines lebendigen Wettbewerbs.

4

Markt, Marktversagen und Markteingriffe

Zusammenfassung Der Wettbewerb ist der moderne Kampf. Er muss geregelt werden, damit er nicht entgleist. Wir wissen, dass er nicht immer zu einer gerechten Lösung führt. Das Marktversagen fordert Staatseingriffe. Viele solche Staatseingriffe sind gerechtfertigt. Viele aber wollen nur eine Menschengruppe im Wettbewerb begünstigen. Sie bewirken, dass das Wohlstandsniveau insgesamt sinkt. Die Globalisierung vergrößert den Markt. Sie gibt erfolgreichen Marktteilnehmern mehr Chancen und dem Konsumenten eine größere Auswahl. Es gibt aber auch Verlierer. Sie neigen dazu, alten Wertesystemen nachzuträumen, wie religiösen Autokratien oder dem Kommunismus, und sie finden sich durch einen autoritären Staat besser geschützt. Dadurch werden sie oft zur Beute von Autokraten.

M. Meyer, *Liberaldemokratie*,
https://doi.org/10.1007/978-3-658-30478-2_4

4.1   Wettbewerb als Kampf

Der Mensch will entdecken und beherrschen. Schon immer waren dabei der Kampf und die Innovation das Mittel, sich zu entfalten. Der Kampf darf aber nicht so weit getrieben werden, dass die Vernichtung der Menschheit die Folge wäre; denn auch deren Erhalt ist wichtig. Die Menschheit war nicht gefährdet, als sich einzelne Sippen oder Stämme bekämpften, töteten oder unterwarfen oder wenn Nationen Kriege führten. Dies änderte sich mit der Atombombe. Wir müssen hoffen, dass zur Selbsterhaltung nur noch solche Auseinandersetzungen geführt werden, welche das Überleben der Menschheit nicht infrage stellen[1] oder die Lebensgrundlage nicht vollständig zerstören. Besser wäre, es gäbe überhaupt keine kriegerischen Auseinandersetzungen mehr. Denn der Mensch ist das einzige Lebewesen, das sich selbst vernichten kann; er muss sich bei kriegerischen Entscheidungen dessen bewusst sein.

Der Menschheit muss es gelingen, ihren Drang nach Kampf und Auseinandersetzung auf Handlungen zu beschränken, die für alle erträglich sind. Dazu braucht es den Rechtsstaat sowie internationale Normen, die Beachtung finden und auch durchgesetzt werden können.

Ein Aspekt des Kampfes ist der Wettbewerb. In der Form des Wirtschaftskrieges ersetzt er den Krieg und befriedigt den Trieb des Menschen zu kämpfen und zu beherrschen. Für das Überleben der Menschheit ist angesichts der Brutalität der heutigen Waffen zwingend, die Neigung zum Kampf auf die wirtschaftliche Auseinandersetzung zu be-

---

[1] Sieht ein sich an der Macht befindlicher Clan seinen eigenen Untergang als unausweichlich, dann besteht die Gefahr, dass er die anderen aus Bosheit mitziehen und vernichten will, also den Untergang der Menschheit in Kauf nimmt oder sogar anstrebt. Stünde zum Beispiel die Führung von Nordkorea vor ihrem Untergang, dann könnte sie durchaus die Atombombe einsetzen und dadurch den Untergang der ganzen Menschheit provozieren.

schränken. Der Liberalismus mit internationalen Regeln ermöglicht das.

Der Bereitschaft zum Kampf im Wettbewerb steht die Trägheit oder Bequemlichkeit des Menschen gegenüber. Beide Eigenschaften widersprechen sich. Sie stehen im ständigen Widerstreit, wobei manchmal der Wettkampfeifer und manchmal der Hang zur Trägheit obsiegt.

4.2 Optimierung des Angebots an die Nachfrage

Jeder Konsument hat eine seinem Einkommen entsprechende Kaufkraft. Kann er seine Mittel frei einsetzen, kauft er aus seiner Sicht am besten ein; er erhält am meisten für sein Geld. Der Produzent oder Anbieter wiederum will eine bestehende Nachfrage befriedigen. Ist auch er frei in der Ausgestaltung seines Angebots, dann wird er der Nachfrage am besten gerecht. Der absolut freie Markt führt also theoretisch zur Optimierung von Angebot und Nachfrage und damit zum größtmöglichen Wohlstand in der Gesellschaft.

Der Markt befindet sich aber im Wandel, indem die Produkte und Dienstleistungen ständig verbessert werden. Auch die Produktions-, Arbeits- und Führungsmethoden in den Firmen ändern sich, was wiederum zur Verbesserung oder Optimierung des Angebots führt. Schließlich ändern sich die Bedürfnisse des Konsumenten und mit ihnen die Nachfrage. Das optimale Verhältnis zwischen Angebot und Nachfrage ist daher keine statische Größe. Es ist ständig im Fluss und muss sich immer wieder neu einpendeln. Angebote kommen, werden verbessert, durch andere Angebote ersetzt oder von Markt verdrängt. Die Nachfrage ändert nach Bedürfnissen, nach der Kaufkraft oder einfach nur nach Trends.

Der Markt steuert aber nicht nur Angebot und Nachfrage, sondern auch die Ressourcen. Wo Produkte erfolgreich hergestellt und verkauft werden, lohnt sich der Einsatz von Arbeit und Kapital. Hier können Investitionen getätigt und gute Löhne bezahlt werden; die Gegend floriert. Andererseits bewirken Firmen, die sich nicht erneuern oder von der Konkurrenz überrollt werden, einen Abwärtstrend, der bald zu einer Wirtschaftskrise führt.

4.3   Objektives Marktversagen

Den absolut freien Markt gibt es indes nicht. Das optimale Geschäft zwischen Anbieter und Konsument wird durch Markteingriffe beeinflusst, die mit *Marktversagen* gerechtfertigt werden. Wir unterscheiden zwischen dem objektiven Marktversagen, wenn die Marktmechanismen aus technischen Gründen das günstigste Geschäft nicht zulassen, und dem subjektiven Marktversagen, wenn die Marktmechanismen zu einem Resultat führen, das wir politisch nicht wollen, weil es unseren Vorstellungen von „fair" oder „richtig" nicht entspricht.

Objektives Marktversagen lag der Finanzmarktkrise im Jahr 2008 zugrunde, indem der Marktmechanismus auf dem Kapital- und Geldmarkt nicht mehr zu einem optimalen Ergebnis führte. Hier hat der Staat mit Garantien, mit der Hilfe an die Banken und mit Maßnahmen der Zentralbanken eingegriffen. Zu Marktverzerrungen führen auch Zölle oder der erschwerte Zugang zum Arbeitsmarkt oder Kontingentierungen und Subventionen, also wenn der Produzent von Leistungen des Staates profitiert und nicht alle anfallenden Kosten selber übernehmen muss. Dies ist bei der Grundlagenforschung durch die Universität der Fall, die nicht nur der Allgemeinheit, sondern auch einzelnen

Unternehmen dient. Auch die Beseitigung von Umweltschäden durch den Staat fällt darunter, wenn diese Schäden durch private Produktionen verursacht wurden. Wenn solche Kosten im Sinne des Verursacherprinzips nicht dem Produkt belastet oder durch Verbote umweltgefährdender Stoffe korrigiert werden, verzerren sie den Markt. Sie führen zu Profiten, die nicht auf der eigenen Leistungsfähigkeit, sondern auf einem gestützten Markt beruhen.

Der Staat sollte bei solchem Marktversagen eingreifen. Der Eingriff ist gerechtfertigt, wenn er zu einer besseren Allokation der Kosten und damit zur Wiederherstellung des Marktes führt. Beispiele solcher Eingriffe sind das Kartellgesetz, das Preisabsprachen weitgehend verhindert. Aber auch asymmetrische Informationen, die zu Marktverzerrungen führen, weil ein Marktteilnehmer mehr weiß als der andere, werden durch gesetzliche Garantiebestimmungen, durch Vorschriften zur Produktinformation oder durch allgemeine Geschäftsbedingungen entschärft.

Immer aber behindern Eingriffe auch bei objektivem Marktversagen das absolut freie Geschäft. Das bezahlt der Konsument durch höhere Preise. Seine Kaufkraft und damit sein Wohlstand sinken. Wenn infolge von Marktvorschriften (z. B. zum Schutz der Umwelt) nicht mehr der geeignetste Produzent am günstigsten Ort produziert, leidet wiederum die Konkurrenzfähigkeit, was die Kaufkraft des Konsumenten mindert.

4.4   Subjektive Marktkorrekturen

Vielfältig sind die preisverteuernden Markteingriffe auf das günstigste Geschäft aus *subjektiven* Gründen – weil das Ergebnis des freien Marktes als unfair empfunden wird und politisch nicht gefällt. Solche Markteingriffe basieren auf einer Interessenabwägung. Das übergeordnete Interesse auf einen funktionierenden freien Markt und damit auf größtmöglichen Wohlstand wird dem jeweiligen partikulären Interesse, das dem Markteingriff zugrunde liegt, gegenübergestellt.

Zahlreiche Interessen rechtfertigen solche Markteingriffe. Wir wissen, dass der freie Markt zu Ungerechtigkeiten führt, die es auszugleichen gilt. Daher sind Interessen aus *dem sozialen Bereich* zum Schutz der Armen und Schwachen oder von Minderheiten gerechtfertigt und drängen sich auf.

Anderweitige Markteingriffe basieren darauf, dass Menschen zur Bequemlichkeit neigen, den Aufwand zum Wandel ablehnen und nach Möglichkeiten suchen, sich außerhalb des Konkurrenzkampfes Vorteile zu verschaffen. Sie versuchen, den Markt zu ihren Gunsten zu regeln. Solche Markteingriffe nehmen dramatisch zu. Dabei müssen wir uns immer *bewusst sein, dass jeder Markteingriff mit einer Wohlstandseinbuße aller bezahlt werden muss.* Gerade gut entwickelte Länder neigen in der Hochkonjunktur zur Umverteilung, indem sie allzu leichtfertig andere Werte gewichten und die Handels- und Gewerbefreiheit zurückdrängen. Es wird argumentiert, dass es uns ja gut gehe und wir uns das leisten könnten. So entstanden Arbeitsgesetze, Mietrechte, Planungsrechte, Bau- und Industrienormen, Tarifordnungen, Ladenschluss- und andere Reglements, das Landwirtschaftsrecht und vieles mehr. Sie alle haben das Potenzial, das Preisniveau ansteigen lassen.

Es gibt Organisationen, welche die Privilegien ihrer Mitglieder außerhalb des Wettbewerbs fördern möchten. Sie tragen in den meisten Fällen nicht zum Wohlstand aller bei. Im Gegenteil, sie nehmen Einfluss auf die Verteilung der Mittel jenseits der Marktmechanismen, indem ihre Klientel mehr erhält, als sie selbst erwirtschaftet. Das geht immer zulasten der anderen und letztlich zulasten des allgemeinen Wohlstandes. Augenfällig ist das Beispiel der Gewerkschaften in verschiedenen europäischen Ländern. Sie vereiteln mit Machtdemonstrationen (Streiks, Lahmlegung des Verkehrs, etc.) alle Versuche, die Privilegien ihrer Mitglieder einzuschränken. Bei einem zu starren Arbeitsrecht wird die Wirtschaft aber unflexibel. Sie kann ihre Strukturen nicht den neuen Gegebenheiten anpassen. Unrentable Abteilungen können wegen des Kündigungsschutzes nicht geschlossen werden und neue, zukunftsgerichtete Aktivitäten werden nicht genügend gefördert, aus Angst, auch in dieser neuen Struktur später einmal wieder gefangen zu sein. Die Prosperität des ganzen Landes leidet – letztlich auch diejenige der betroffenen Gewerkschaftsmitglieder. Augenfällig ist ebenfalls das Beispiel des europäischen Ostens in der Zeit des Kommunismus; die Planwirtschaft, verbunden mit den Privilegien der Funktionäre, führte zu einem starren gesellschaftlichen Gefüge, das sich nicht erneuern konnte. Die Wirtschaft blieb weitgehend auf dem Stand stehen, der nach dem 2. Weltkrieg herrschte. Die Differenz zum Westen wurde immer größer, bis es zum Kollaps kam. In einer gewaltigen Anstrengung sind diese Länder nun daran, das Verpasste aufzuholen.

Es gibt ferner Organisationen, welche die Privilegien ihrer Mitglieder zulasten der gesamten Wirtschaft verteidigen. Die Kartelle hat der Gesetzgeber als wettbewerbsbehindernd anerkannt und im volkswirtschaftlichen Interesse beschränkt. Andere Interessenorganisationen wie Branchen- und Berufsverbände oder Gewerkschaften, die außerhalb des Wettbewerbs durch politischen Einfluss Vorteile für ihre Mitglieder erwirken möchten, werden geduldet. Schließlich fördern verschiedene europäische Staaten sogar in einzelnen Branchen die Strukturerhaltung (z. B. in der Landwirtschaft). Für alle strukturerhaltenden Organisationen gilt: Je mehr ein Staat von ihnen befallen ist, umso geringer ist seine Erneuerungskraft, umso langsamer erfolgen Strukturanpassungen und umso mehr fällt das Land in der Wettbewerbsfähigkeit zurück. Bei alten und stabilen Volkswirtschaften besteht die Gefahr, dass immer mehr solche Organisationen heranwachsen, die Regeldichte zunimmt und die Dynamik verloren geht. Länder mit langlebigen stabilen Verhältnissen sind besonders gefährdet, ihre Erneuerungskraft zu verlieren.

Daher sei noch einmal betont: Jeder Markteingriff führt zu einem (vorerst wohl unmerklich) höheren Preisniveau. *Die Summe der Markteingriffe spiegelt sich im allgemeinen Preisniveau und bestimmt somit den Lebensstandard in einer Volkswirtschaft.* Die Möglichkeiten des Wandels werden durch den Regulierungsgrad einer Gesellschaft eingeschränkt. Ob eine Volkswirtschaft ihre Erneuerungskraft und ihre Prosperität erhalten oder gar mehren kann, zeigt sich in ihrer Regeldichte. Je stärker sie reguliert ist, umso höher steigt mit der Zeit das Preisniveau und umso tiefer sinkt der Wohlstand.

Der Staat unterliegt immer wieder der Versuchung, strukturerhaltend einzugreifen. Dabei ist das Resultat immer dasselbe: Der Schutz führt kurzfristig in die Komfortzone, die die Betroffenen weiter ausruhen lässt. Der Unterschied zu den nicht geschützten Konkurrenzbetrieben in anderen Ländern oder an anderen Orten wird derweil immer größer, bis dem Staat die Last zu teuer wird und der Schutz fällt. Nun muss die Branche in einer riesigen Anstrengung mit vielen Opfern das Verpasste nachholen oder untergehen.

4.5   Veraltete Wertesysteme

Es gibt Träumer, die früheren Wertordnungen nachhängen, obschon sie sich nicht bewährt haben und längst überholt sind. So ist das religiöse Wertesystem veraltet, obschon die

Kleriker der meisten Religionen ihre Macht immer noch verteidigen. Einige Linke träumen noch vom Sozialismus; ihre Ideen tauchen periodisch an der Oberfläche der Politik auf, indem sie von „Überwindung des Kapitalismus" sprechen. Sie argumentieren mit Ungerechtigkeiten und verlangen Gleichheit, ohne zu sehen, was der Sozialismus überall auf der Welt für Ungleichheiten brachte. Dabei ist der sozialistische Staatszentralismus mit seinen Umverteilungen längst durch eine freiheitliche Marktordnung ersetzt worden. Schon der deutsche Philosoph Hegel hat vor rund 200 Jahren in seiner Dialektik festgestellt, wie die Entwicklung eines Wertesystems abläuft (Hegel 1817). Einer politischen These wird eine Antithese gegenübergestellt. Daraus entsteht als Kompromiss die Synthese. Diese wird wiederum zur These, sobald ihr eine weitere Antithese gegenübersteht und es entsteht eine neue Synthese, die wiederum zur These mit einer späteren Antithese wird und so weiter. Die Entwicklung der Wertesysteme geht in Schritten immer vorwärts; sie läuft nicht rückwärts. Auch die Evolution führt zu neuen Mutationen, die in der Regel besser geeignet sind als die bisherigen. Nie kehrt sie zu alten Formen zurück. Bei der Suche der Menschen nach dem Weg in die Zukunft und nach dem Wertesystem der Zukunft muss man also vom heutigen System ausgehen und prüfen, welche Antithese sich abzeichnet. Folgt der freien Marktwirtschaft das Informationszeitalter oder das Datenzeitalter? Oder das Zeitalter der Roboter und der künstlichen Intelligenz? Und was ist dann die Synthese davon?

Wollen wir *zurück zum Sozialismus?* Schon das Wort „zurück" sagt, dass es ein Rückschritt wäre. Der Sozialismus hat zu oft versagt. Dafür zeugen gescheiterte volkswirtschaftliche Experimente in aller Welt (u. a. Sowjetunion, Venezuela, Kuba, DDR). Es gibt kein einziges Beispiel, da ein sozialistisches System zum Erfolg und zu mehr Gerechtigkeit führte. Selbstverständlich aber ist es das Recht jedes einzelnen und eine Konsequenz der Meinungsfreiheit, dass man alten Ordnungen nachhängen darf. Die Schwärmerei jedoch für gestrige und gescheiterte Wertesysteme bringt die Menschheit nicht weiter.

Die heutige Popularität des Sozialismus vor allem unter jungen Intellektuellen basiert zum großen Teil auf der Ansicht, dass die freie Marktwirtschaft lediglich zur Profitmaximierung und Unterdrückung der Schwachen führt. Dabei verkennen sie, welche positiven Auswirkungen der Wettbewerb und die heutige Marktwirtschaft auf den Wohlstand der Gesellschaft haben – einen Wohlstand, von dem sie gerne auch selbst profitieren.

Der Grund für die verzerrten Wahrnehmungen ist, dass wir unsere Ansicht oft nicht durch rationale Beweise bilden. Sie wird beeinflusst vom menschlichen Netzwerk – vom Wertesystem der Leute um uns. Wenn die Menschen der Gruppe, in der wir uns bewegen, gewisse Präferenzen haben, dann wird sich der Einzelne diesem Wertesystem anpassen. Das gilt für die bevorzugte Musik von Schülercliquen, für die Betonung der sozialen Identität durch bestimmte Kleidung oder bestimmtes Essen, für die oft auch religiös beeinflusste Haltung gegen Impfungen bis hin eben zum Sozialismus. Solche Wertesysteme können erstaunlicherweise sogar soziale Ungerechtigkeiten begründen und unterstützen. Aber sie fördern nicht die Wahrheit.

Die Wahrheit erarbeitet man nur, wenn man sich völlig wertefrei mit dem marktwirtschaftlichen System auseinandersetzt, es dadurch versteht und seine Vor- und Nachteile ohne Beeinflussung durch das Umfeld und des dortigen Wertsystems erkennt.

Die freie Marktwirtschaft hat uns einen in der Geschichte noch nie dagewesenen Reichtum gebracht. Die Europäer haben dieses System bereits auch weiterentwickelt. Enorme

Umverteilungsmechanismen führen dazu, dass sich kaum mehr viele Leute um ein menschenwürdiges Leben bemühen müssen. Der ursprüngliche Kapitalismus wurde zur sozialen Marktwirtschaft. Dabei scheint der Sozialstaat breite Anerkennung in allen europäischen Ländern zu finden. Sein Bestand hängt nicht mehr von einer Partei – den Sozialdemokraten – ab, sondern wird von allen Parteien und einer breiten Bevölkerungsschicht getragen. Diesbezüglich gibt es keine linke oder rechte Partei mehr und die politischen Auseinandersetzungen drehen sich nur noch um die Frage „Noch mehr Staat oder weniger Staat?". Denn keine Staatsform hat eine derart breite durchschnittliche Zufriedenheit in der Gesellschaft gebracht wie der Sozialstaat. Das ist einer der Gründe, wieso die Sozialdemokratie schrumpft – sie ist verwirklicht und es braucht die Partei nicht mehr. Die Zufriedenheit macht aber auch träge. Daher muss sie ständig neu erarbeitet werden – auch in der Diskussion mit Linksintellektuellen.

4.6　Globalisierung

Das freiheitliche Wertesystem in Verbindung mit der Marktwirtschaft verlangt internationale Vernetzung – also Globalisierung. Sie vergrößert das Marktgebiet, fördert die Konkurrenz und verhilft dem Konsumenten zu besseren Produkten mit günstigeren Preisen. Sie gibt zudem den innovativen Marktteilnehmern größere Chancen und verbessert somit den Wohlstand aller. Internationaler Konkurrenzkampf – Globalisierung – hilft allen Regionen, die daran teilnehmen. Der Wohlstand steigt international.

Ein Aspekt der Globalisierung wird zu wenig gewichtet: Indem sich Nationen gegenseitig wirtschaftlich bekämpfen und mit verschiedenen Produkten oder Leistungen gewinnen, mit anderen aber verlieren, führen sie einen Wirtschaftskrieg, der den militärischen Krieg weitgehend ersetzt und ihn weniger wahrscheinlich werden lässt. Die globale wirtschaftliche Auseinandersetzung steht anstelle der kriegerischen Fehden und verhindert unter wirtschaftlich fortschrittlichen Nationen den Krieg. Denn Länder, denen es gut geht, führen keinen Krieg; sie würden zu viel dabei verlieren und ihren Wohlstand aufs Spiel setzen.

Voraussetzung ist allerdings, dass keine Autokraten die Spielregeln zu verändern versuchen oder gar aus innenpolitischen Gründen außenpolitische Spannungen provozieren. Auch deswegen sind Demokratien notwendig für den Frieden im Wohlstand.

4.7 Verlierer als Beute von Autokraten

Aber es gibt auch Verlierer der Globalisierung. Meist werden zurückgebliebene Firmen durch erfolgreichere abgelöst und der Wohlstand bleibt erhalten oder wird sogar erhöht. Wo aber Personen dem Wandel zum Opfer fallen, braucht es soziale Auffangnetze und die Hilfe zur Wiedereingliederung in den neuen Arbeitsmarkt. Die meisten europäischen Länder tun diesbezüglich sehr viel.

Verlierer der Globalisierung und unserer Leistungsgesellschaft fallen mangels Alternativen zurück in die alten Wertesysteme – in den Nationalismus oder in eine religiöse Ordnung. Sie sehnen sich nach einem autokratischen System, weil sie glauben, darin komfortabler geschützt zu sein. Es sind die Gegenden mit weniger gebildeten Leuten oder einer hohen Arbeitslosenrate, die nationalistisch wählen, und es sind die rückwärtsgewandten religiösen Gesellschaften, die sich fundamentalistisch dem Glauben zuwenden.

Diese Ideologien der Nationalisten oder einer fundamentalistischen Religion dulden schon seit Jahrhunderten keine Abweichler und bekämpfen jene, die nicht zu ihrer Wertegemeinschaft gehören. Sie sind intolerant gegenüber Andersdenkenden und schützen ihre Ideologie mit Gewalt oder sogar mit Kriegen. Da sie technologisch nicht mithalten können – sie gehören zu den Verlierern – versuchen sie es mit einfachen, brutalen und terroristischen Kampfmitteln gegen alle, die sie auf der anderen Seite wähnen. Dabei stehen sie einer hoch technisierten Welt mit Drohnen und elektronischer Kriegsführung, aber auch mit verlockenden Freiheiten gegenüber, können also den Konflikt langfristig nicht gewinnen. Die Bewältigung dieses asymmetrischen Konflikts muss noch gefunden werden. Sie liegt wohl darin, die Bildung in diesen Gegenden zu verstärken.

Das Zurückfallen von Menschen in frühere Wertesysteme der Autokratien oder der Religionen wird von autokratischen Mächten wie Russland, der Türkei oder Saudi-Arabien gefördert. Oft stellen sie sich fälschlicherweise sogar als demokratisch bzw. durch manipulierte Wahlen als demokratisch legitimiert dar, obschon sie es gar nicht sind. Solche Mächte unterstützen gezielt Parteien und Bewegungen bei uns, die als Verlierer in der Globalisierung und der Marktwirtschaft autokratischen Systemen nachhängen. Die manipulative russische Politpropaganda im Westen oder die Unterstützung von hiesigen Moscheen durch die Saudis oder die Türkei sind Teil solcher Bestrebungen. Auch die Behauptung von Putin oder der chinesischen Führung, der Liberalismus sei überholt, weil er gegenüber ihrem System verliere, gehört zu solcher Manipulation; sie soll nicht das eigene Volk stärken, sondern nur die Stellung des Autokraten. Denn die Behauptung ist absurd und wird von den Zahlen widerlegt: Russland liegt wirtschaftlich weit hinter dem Westen und auch China wird nie ganz aufholen, geschweige denn die Demokratien überflügeln; hierzu braucht es Freiheit. Die Behauptung ist ferner absurd, weil die Geschichte nie rückwärtsläuft. Autokratische Staaten hatten wir vom Mittelalter bis heute zur Genüge; die Entwicklung geht in Richtung Freiheit und Demokratie.

5

Gewinner sind alle Menschen

Zusammenfassung Der Liberalismus brachte nicht nur den reichen Ländern Wohlstand. Auch überall sonst auf der Welt stieg der Lebenskomfort. Gingen noch im 18. Jahrhundert viele in Europa mit Hunger zu Bett und hatten kein fließendes Wasser, keine Schulung oder medizinische Grundversorgung, so sind heute auf der ganzen Erde nur noch ca. 10 % der Menschen ohne Befriedigung der Grundbedürfnisse.

5.1 Der Wohlstand nimmt weltweit zu

Der Liberalismus hat den Menschen Freiheiten und Wohlstand gebracht, die es seit Jahrtausenden noch nie gab. Das gilt sowohl für die reichen Länder im Westen und Asien als auch für die bisher armen Länder. Es war eine langfristige, positive Entwicklung, die immer auch Rückschläge verkraften musste.

© Der/die Herausgeber bzw. der/die Autor(en), exklusiv lizenziert durch Springer Fachmedien Wiesbaden GmbH, ein Teil von Springer Nature 2020
M. Meyer, *Liberaldemokratie*,
https://doi.org/10.1007/978-3-658-30478-2_5

In Europa lebten noch bis ins 18. Jahrhundert die meisten Menschen in großer Armut. Sie hatten kein fließendes Wasser, keine Kanalisation, keine medizinische Versorgung und kaum genug zu essen. Viele starben an Hunger oder Krankheit bzw. Seuchen. Nur den ganz Reichen – den Aristokraten – ging es einigermaßen gut. Die Leute lebten damals in Europa nicht anders als heute die Menschen in den ärmsten Ländern der Welt.

Aber nicht nur die Menschen in der entwickelten „ersten" Welt haben inzwischen einen Reichtum, wie es ihn seit Beginn der Menschheit noch nie gab. Auch überall sonst steigt der Lebenskomfort. Ärmste Länder, in denen noch immer Menschen an Hunger sterben, gibt es nur noch wenige und gemäß der Agenda 2030 der UNO aus dem Jahr 2015 (Vereinte Nationen 2015) soll die extreme Armut bis in einigen Jahren beinahe vollständig überwunden sein. Laut dieser Prognose werden dann noch 380 Mio. Afrikaner zu den Allerärmsten gehören, derweil andernorts noch ca. 50 Mio. betroffen sind – also insgesamt weniger als 6 % der Erdbevölkerung. Vor allem die Asiaten werden weitgehend der Armut entfliehen, derweil in Zentralafrika (und je nach den kriegerischen Auseinandersetzungen in Arabien) die extrem Armen sogar zunehmen. Dort sind viel zu viele auf der Flucht. Sie fliehen vor Kriegen, Wirtschaftskrisen, Versagen der Politik und erst als Folge vor der Armut mit Hunger.

Wie Hans Rosling in seinem lesenswerten Buch „Factfulness" (2018) feststellt, gibt es in allen anderen „armen" Ländern keinen Hunger mehr. Hier gehen schon ca. 60 % der Mädchen zur Schule. 88 % der Kinder wurden geimpft und 85 % haben Elektrizität. Generell kann man sagen, dass ca. 80–90 % der Menschen auf der Erde heute ihre Grundbedürfnisse erfüllen können. Ein wahrlicher Fortschritt also fast überall auf der Welt.

5.2 Auch die bisher armen Regionen profitieren

Immer wieder wird behauptet, der Kapitalismus vermehre nur in den entwickelten Ländern den Wohlstand, derweil die Entwicklungsländer ausgebeutet würden. Wie aber schon ein erster Blick auf die Welt zeigt, haben Entwicklungsländer mit Marktwirtschaft in Verbindung mit Good Governance (Kap. 12) eine echte Chance, zu den erfolgreichen Nationen aufzusteigen. Japan, Singapur, Südkorea, Taiwan haben es in ein bis zwei Generationen in die „erste" Welt geschafft; viele sog. Emerging Markets wie Indien, China, Brasilien, Chile sind auf dem Weg dazu, sofern sie Good Governance einführen. Andere glauben, abgehängt worden zu sein. Sie sprechen von einer Erstwelt-Elite, welche die neuen Techniken beherrscht und vorantreibt, wobei der Abstand zu den Zurückgebliebenen immer größer wird und ihnen keine Chance lässt. Sie verkennen, dass es meist an ihrer eigenen korrupten Regierung liegt, die sich bereichert, statt in die notwendigen Infrastrukturen und die Good Governance zu investieren.

Die Menschheit begann vor Jahrtausenden auf dem untersten Wohlstandsniveau. Nach und nach verbesserte sich ihre Situation. Aber noch im 18. Jahrhundert gingen viele auch in Europa hungrig zu Bett und es bedurfte Generationen, bis der Reichtum kam. Die heutigen armen Länder machen schnelleren Fortschritt. Sie kommen von Generation zu Generation weiter und es dauert von einer Wohlfahrtsstufe zur nächsten meist „nur" wenige Generationen.

Gemäß dem International Monetary Fund (IMF 2020) haben die ärmsten Länder die größten Zuwachsraten (2–6 %, manchmal sogar noch höher). Die reichen Staaten wachsen wesentlich langsamer (2–4 %). Irgendwann einmal werden die ärmeren Staaten aufschließen. Sofern sie die freiheitliche Demokratie verwirklicht haben wird sich das Einkommensniveau ausgleichen. Was wird dann passieren? Die Leute der früher ärmeren Staaten sind an hartes Arbeiten gewohnt und werden die reichen Staaten überflügeln, bis sie sich an den Reichtum gewöhnt haben (Beispiel Japan). Die Entwicklung geht auch hier in Wellen. Jedenfalls haben schon viele ehrgeizige Europäer gemerkt, dass ihre Chancen in Asien höher sind als in Europa, weil dort die Zuwachsraten besser sind. Sie versuchen also ihr Glück dort.

Ferner

* Die Lebensdauer steigt kontinuierlich. Noch im Jahr 1900 war sie in Deutschland für Männer 46,4 und für Frauen 52,5 Jahre. Heute liegt sie für Männer bei 78,4 und für Frauen bei 83,2 Jahren. Sie ist für die meisten Menschen auf der Erde stark gestiegen.[1]
* Der Unterschied zwischen reich und arm nimmt in einer langfristigen Betrachtung ab. Früher war er extrem. Es gab die reichen Fürsten und die an die Scholle gebundene Landbevölkerung, die noch bis ins 18. Jahrhundert sklavenartig gehalten wurde. Seither konnte der Unterschied kontinuierlich reduziert werden und in den meisten Ländern zeigen die Statistiken, dass die Differenz zwischen arm und reich immer geringer wird (Bundesamt für Statistik 2020; Gratwohl 2015). Selbstverständlich gibt es auch hier Rückschläge. Die langfristige Entwicklung aber ist maßgebend; sie ist sehr positiv.

---

[1] Laut Angaben des statistischen Bundesamtes (Statista 2019a) lag die durchschnittliche Lebenserwartung in Deutschland für Männer im Jahr 1900 bei 46,4 und für Frauen bei 52,5 Jahren. Die durchschnittliche Lebenserwartung bei der Geburt in Deutschland beläuft sich heute für Männer auf 78,4 und für Frauen 83,2 Jahre (Statista 2019b). Damit hat sich die Lebenserwartung seit dem 19. Jahrhundert rasant entwickelt und sich gegenüber der 1870er-Jahre mehr als verdoppelt. Die durchschnittliche Lebenserwartung betrug im Mittelalter bei Frauen ungefähr 25 Jahre, bei Männern 32 Jahre.

* Die Kriminalität nimmt in einer langzeitlichen Betrachtung ab (Bundesamt für Statistik 2019a, b). Die Kriegstoten nehmen ab, trotz vielleicht anderer Wahrnehmung aus dem Nahen Osten. Die Haltung gegenüber dem Krieg hat sich stark geändert. Bei den antiken Griechen musste man im Kampf sterben, um überhaupt in das Jenseits zu gelangen. Napoleon war noch ein Held und kein Verbrecher wie Hitler. Und im 1. Weltkrieg zogen die Soldaten mit Enthusiasmus in den Krieg, schrieben auf ihre Eisenbahnwagen „auf nach Paris" und sprachen vom „Feld der Ehre". Heute ist Krieg ein Verbrechen, auch wenn es ihn immer noch gibt.

* Die unkontrollierten Seuchen, die im Mittelalter periodisch große Teile der Bevölkerung hinrafften, gibt es kaum mehr. Die spanische Grippe tötete 1918 2,7 % der Weltbevölkerung. Die Schweinegrippe anfangs 2009 dauerte noch zwei Wochen und es starben 31 Personen. Das Corona-Virus kam unerwartet, belastete oder überforderte teils die medizinische Infrastruktur und forderte von der Bevölkerung enorme Einschränkungen. Dank großen medizinischen Anstrengungen wird es aber hoffentlich erfolgreich bekämpft werden und wird wohl kaum Folgen haben, wie die Seuchen im Mittelalter.

* Die Kindersterblichkeit hat sich seit 1990 mehr als halbiert, von 12,5 Millionen Kindern unter fünf (1990) auf 5,3 Millionen Kinder unter fünf (2018). Über 80 Ländern, darunter auch vielen ärmeren Ländern, ist es gelungen, die Kindersterblichkeitsrate in ihrem Land seit 1990 um zwei Drittel zu senken (Charbonneau 2019).

Wie Hans Rosling in seinem Buch (2018) feststellt, nehmen viele Leute den allgemeinen Fortschritt nicht so wahr. Es fehlt ihnen die *faktenbasierte* Sicht. Sie fehlt, weil ihre Informationen zu alt sind und sie die Fakten nicht richtig kennen oder weil sie die Fakten ignorieren, da sie ihrer

Weltsicht widersprechen. Beispiel einer zu alten und daher falschen Information: 1997 lebten noch 42 % in extremer Armut, heute sind es noch 9 % (2019). In den letzten 20 Jahren hat sich also die Anzahl der in extremer Armut lebenden Menschen halbiert. Die Mehrheit der Menschen lebt zwar nicht wie die Mittelschicht eines reichen Landes; sie hat aber genug zu essen, selbst ihre Mädchen gehen zur Schule, ihre Kinder haben eine medizinische Grundversorgung und sie werden geimpft. Schritt für Schritt verbessert sich die Welt.

Zusammenfassend halte ich fest: Die meisten (80 %) der Menschen können inzwischen ihre Basisbedürfnisse erfüllen. Dann gibt es die ganz Reichen (Europa, Nordamerika, Japan, Südkorea, Taiwan, Singapur) und es gibt die ganz Armen (ca. 9 %) mit unakzeptablen Lebensumständen.[2]

Alles wurde besser! – Es zählen die Fakten und nicht die eigene Wahrnehmung. Der Liberalismus hat fast überall auf der Welt den Wohlstand vermehrt.

---

[2] Das größte Ernährungsproblem der Welt ist heute nicht mehr die Unterernährung, sondern die Überernährung, der Drang, sich mit Fett und Zucker zu überessen und dick zu werden. Wir müssen den Kindern lehren, Süßigkeiten und Chips zu vermeiden, da es davon zu viel gibt, und wir haben ein enormes Problem mit Essensverschwendung.

6

Fehlentwicklungen im Liberalismus und Verbesserungsmöglichkeiten

Zusammenfassung Es gibt Fehlentwicklungen im Liberalismus. Dazu gehört in gewissen Ländern die Erosion des
Mittelstandes, der mit allzu hohen Steuern für einen überdimensionierten Staat belastet wird. Die Staatsquote muss
hier dringend gesenkt und die Überregulierung entflochten
werden. Aber auch die Umverteilungen sind allzu stark an-
gestiegen.

6.1 Vermeidung von Fehlentwicklungen

Können wir aus der Geschichte lernen?
Die evolutionäre Entwicklung bleibt nicht stehen. Sie geht
weiter, wenn auch in sehr kleinen Schritten, die wir oft gar
nicht bemerken. Können wir diese Entwicklung zurück-

verfolgen, sie erkennen und ihr eine Richtung zuordnen? Können wir dann die Richtung in die Zukunft weiterziehen und damit eine Zukunftsprognose wagen? Oder war die Entwicklung in der Vergangenheit derart zufällig und ohne erkennbare Richtung, dass auch keine Zukunftsprognose möglich ist? Wir wissen es nicht.

Wir nehmen aber wahr, dass sich der Mensch rein äußerlich verändert. Mit jeder Generation steigt die Durchschnittsgröße, sodass die heutige Jugend durch die Türen mittelalterlicher Burgen nicht mehr aufrecht gehen kann. Es scheint, dass auch die Bereitschaft zum physischen Kampf abnimmt, obschon das statistisch nicht bewiesen ist; immerhin nimmt die Kriminalität in einer langzeitlichen Betrachtung ab (Bundesamt für Statistik 2019a, b; Rosling 2018). Offenbar schlug man früher bei Beleidigungen etc. gleich brutal zu, während heute eher der Ausgleich gesucht wird. Die Gehirnmasse des Neandertalers betrug etwa einen Drittel des Gehirns der heutigen Menschen; nimmt sie auch weiter zu? Macht die Evolution uns Menschen gescheiter? Werden die Menschen altruistischer und friedlicher? Geht die Entwicklung dorthin, wo wir es uns wünschen?

Jedenfalls die Marktwirtschaft, die uns in Verbindung mit den Grundrechten und der Demokratie zu enormer Freiheit mit Wohlstand geführt hat, entwickelt sich weiter. Ein Wertesystem folgt nach der Hegelschen Dialektik dem nächsten, wobei jede Entwicklung vom Bestehenden ausgeht und dieses weiterführt. Also entwickelt und verbessert sich der Liberalismus.

Aber selbstverständlich produziert ein freiheitliches System auch Fehler, falsche Anreize und Ungleichheiten, die es zu korrigieren gilt. Auf solche Verbesserungsmöglichkeiten gehe ich im Folgenden ein.

6.2   Erosion des Mittelstands

In einigen westlichen Ländern ging der Wohlstand des Mittelstands in den letzten Jahren zurück. Es betrifft die südeuropäischen Staaten (Frankreich gehört mittlerweile auch dazu) und die USA. In Deutschland ist der Osten noch nicht auf dem Niveau des Westens, was gefühlsmäßig eine ähnliche Unzufriedenheit verursacht (vgl. Abschn. 5.1 unter „Ferner")

Die Kaufkraft des Mittelstands erodiert, weil ihm immer mehr Lasten aufgebürdet werden, die er über höhere Steuern tragen muss. Viele Wohlfahrtsstaaten haben in den letzten ca. 20 Jahren ihre Ausgaben verdoppelt. Denn die Politik hat dem Staat immer mehr Aufgaben zugewiesen. Sie müssen alle finanziert werden. Das führte zu einer unglaublichen Erhöhung der Abgaben und Steuern. Sie betragen längst nicht mehr nur den „Zehnten", der im Mittelalter dem Fürsten abgeliefert werden musste, sondern in manchen Ländern schon gegen 40 % oder gar 50 %.

Wo aber der Mittelstand immer weniger hat, schwindet dessen Loyalität zu Demokratie und Gesellschaft. Der Gemeinsinn geht verloren und die Ansprüche an den Staat steigen. Werden sie nicht erfüllt, steigt die Neigung, den Versprechen von Autokraten zu erliegen oder es mit anderen politischen Systemen oder mindestens mit anderen Parteien zu versuchen. Das gilt für Frankreich (wo die Gilets Jaunes gegen den schwindenden Wohlstand kämpfen; Frühling/Sommer 2019) oder für Italien, wo die Bürger nicht mehr wissen, wen sie wählen sollen, um dem Abwärtstrend Einhalt zu gebieten, sodass als Ergebnis linke Komiker mit Rechtspopulisten eine Regierung bildeten (2018/2019), nur weil beide die Macht wollten – obschon sie sehr unterschiedliche Auffassungen oder gar keine Ahnung von Ökonomie haben.

„Der freiheitliche, säkularisierte Staat lebt von Voraussetzungen, die er selbst nicht garantieren darf" (Böckenförde 2007). Denn er kann die inneren Regulierungskräfte in eine antidemokratische Richtung nicht mit Mitteln des Rechtszwanges und autoritären Geboten verhindern, ohne selbst in ein autokratisches System zurückzufallen. Zwar ist es die Aufgabe einer Demokratie, sich gegen solche Regulierungstendenzen zu schützen, indem sie ihre demokratisch erlassenen Gesetze mit rechtsstaatlichen Mitteln (Gerichte, Polizei) durchsetzt. Was aber, wenn die Regulierung bezweckt, die rechtsstaatliche Macht zu beschränken und die Gewaltentrennung auszuhebeln?

Weil der Mittelstand eine starke Mehrheit hat, ist in einer solchen Situation die Demokratie gefährdet. Als politisches und moralisches Ziel muss daher der Mittelstand als staatstragende Schicht gestärkt werden.

Die Erosion des Mittelstands ist auf *Fehlentwicklungen* zurückzuführen. Gründe dafür sind ein viel zu teurer Staat mit einer zu hohen Staatsquote sowie Überregulierungen mit einer überbordenden Bürokratie und mit allzu vielen Umverteilungen. Als Folge werden die Infrastrukturen und die Schulen vernachlässigt. Auf sie alle gehe ich nachstehend ein.

6.3   Schlanker Staat

Die *Staatsquote* setzt die gesamten Ausgaben für den Staat ins Verhältnis zum Bruttoinlandprodukt (BIP). Sie ist in allen Ländern Europas kontinuierlich gestiegen. Dabei ist nicht der internationale Vergleich maßgebend, weil er auf unterschiedlichen Statistikmethoden beruht. Von Bedeutung ist vielmehr die *Entwicklung über Jahre im eigenen Land*, der „Track Record". Diese Entwicklung zeigt die Verschlechterung gegenüber früheren Verhältnissen und den davon ausgehenden Druck auf den Wohlstand. Eines geht klar hervor: Es arbeiten nicht weniger Menschen beim Staat und es sind finanziell nicht weniger von ihm abhängig als früher. Nein, es sind jährlich immer mehr Menschen, die ohne den Staat nicht existieren können. Der Staat gibt auch nicht weniger, sondern immer mehr aus. Dieses Staatswachstum wird angetrieben von Anspruchsmentalitäten, die für die Zukunft Angst machen.

Der Staat sollte seine Einnahmen in erster Linie zum Ausbau der Infrastrukturen und zur Sicherheit seiner Bürger einsetzen. Sie sind das Fundament des Wohlstands. Gewisse Infrastrukturen werden heute gar als Grundrecht wahrgenommen. Dazu zählt ein gutes Schulsystem, zu dem alle Zugang haben. Ferner gehören dazu ausgebaute Verkehrswege, die Versorgung mit Strom, bestmögliche Kommunikationssysteme, die Wasserversorgung, die Kehrrichtabfuhr und vieles mehr. Nur wenn all dies tadellos und effizient funktioniert, ist der Aufbau von Wohlstand möglich.

Verschiebungen im Kräfteverhältnis gesellschaftlicher Gruppen mit unterschiedlicher Haltung zum Staat sind fatal – vor allem wenn wettbewerbsfeindliche Gruppen zunehmen. Sie entstehen, wenn zu viele Leute am Staatstopf hängen, zu viele von einem „starken Staat" abhängig sind, der ihnen ihre Existenz sichert. Ein solches Beispiel ist Italien. Wenn rund 60 Prozent des Bruttosozialproduktes in den Staatshaushalt fließen und von ihm umverteilt werden, sind Reformen kaum mehr möglich. Denn sie gingen zulasten der Nutznießer, welche die Mehrheit stellen. Die für die Wertschöpfung verantwortlichen Minderheiten aber – das Gewerbe, die Industrie und der Mittelstand – werden überproportional belastet. Sie sehen den Staat nur noch als Feind, den es zu betrügen gilt. Ein weiteres Beispiel ist

Frankreich mit seinen verkrusteten Strukturen, die Reformen kaum mehr zulassen.

Nicht alle Staatsausgaben dienen der Administration des Staates oder sind wertschöpfungsrelevant (Ausgaben für Infrastrukturbauten etc.). Ein großer Teil sind Transferausgaben. Sie dienen dazu, die in verschiedenen volkswirtschaftlichen Sektoren entstandene Wertschöpfung umzuverteilen. Es geht um Subventionen, Lenkungsabgaben, die Unterstützung ganzer Wirtschaftszweige. Auch sie zählen zu den Staatsausgaben und gerade sie sind überproportional gestiegen und haben wesentlich zur Erhöhung der Staatsquote beigetragen.

6.4   Deregulierung

Der wirtschaftliche Erfolg hängt von den *Rahmenbedingungen* für die Unternehmen ab. Sie könnten in den verschiedenen Ländern nicht unterschiedlicher sein. Zu den Rahmenbedingungen gehört die *Regulierungsdichte*. Ob ein Unternehmer für seine Tätigkeit viele oder wenige Gesetze zu beachten hat, ob er viele oder wenige Bewilligungen einholen muss, ob er hohe oder tiefe Gebühren zahlen muss – all das hat eine Auswirkung. Die *Regulierungsdichte* ist entscheidend für Erfolg oder Misserfolg. Man könnte auch sagen: Es gibt inzwischen so viele Gesetze, dass man sie gar nicht mehr alle beachten kann.

Wie kann die Regulierungsdichte reduziert werden? Eine Katastrophe birgt die Chance, dass auf ihren Trümmern Neues entsteht. Das galt bei den Dinosauriern, dank deren Aussterben sich die Säugetiere und letztlich der Mensch entwickeln konnte; das galt bei den antiken Griechen, die es in der Legende des „Phönix aus der Asche" darstellten und das gilt auch heute noch.

Wird ein Land durch einen Krieg zerstört, behindern keine bestehenden Strukturen und Gesetze den Aufbau und es kann rasch und unkompliziert eine neue, meist erfolgreichere Gesellschaft entstehen. Nach dem zweiten Weltkrieg war in Deutschland die Staatsstruktur weitgehend zerstört und es konnte ohne hinderliche, vorbestehende Regulierung neu angefangen werden. Es entstand das deutsche Wirtschaftswunder. Die Siegermacht England dagegen sank mit der Abwahl von Churchill und den darauffolgenden langjährigen Labour-Regierungen von einer Weltmacht zu einer Regionalmacht ab; die Regulierungswut erstickte die Wirtschaft. Erst die konsequente Deregulierung durch Margaret Thatcher änderte das wieder.

Braucht es also erneut eine Katastrophe? Früher hatte jede Generation ihren Krieg, auf dessen Trümmern wiederaufgebaut werden konnte. Lange friedliche Perioden führen zu einer derartigen Regel- und Gesetzesdichte, dass Bürger und Firmen in Paragrafen und Gebühren ersticken, ihre Initiative dadurch abgewürgt wird und der Wohlstand erodiert (Olson 1982). Es ist zu hoffen, dass wir einen Weg aus diesem Teufelskreis der Regulierung finden, ohne dass es dazu eine Katastrophe braucht. Die Politik verspricht schon seit langem, die Überregulierung zu bekämpfen. Doch die offenkundige Untätigkeit und Unfähigkeit, etwas dagegen zu unternehmen, macht Angst. Wir brauchen zwar keinen Krieg, aber wir brauchen als Ersatz eine friedliche periodische Deregulierung. Dabei spielen nicht nur die materiellen Gesetze eine Rolle, sondern auch das Verfahrensrecht.

Es werden laufend Verfahrenshürden ausgebaut und immer mehr Wirtschaftstätigkeiten der Bewilligungspflicht unterstellt. Wieso gibt es dagegen keinen Widerstand? Sind wir bereits zu bequem geworden? Wie wäre es mit einer Arbeitsgruppe, die alle wachstumshemmenden Bestim-

mungen identifiziert und streicht?[1] Wie wäre es mit einer
Bestimmung, wonach ein neues Gesetz nur dann in Kraft
treten darf, wenn gleichzeitig gleich viele oder gar doppelt
so viele Bestimmungen (nach der Anzahl Worte oder am
besten nach verursachten Kosten gemessen) gestrichen werden? Wie wäre es, wenn eine neue Bewilligungspflicht nur
dann eingeführt werden darf, wenn andernorts eine aufge-
hoben wird.

6.5   Umverteilungen

Ins Gewicht fallen die Umverteilungen, die schon lange
nicht nur von Reichen zu Armen erfolgen, sondern vor allem den Mittelstand belasten. Der liberale Sozialstaat lebt
von extremen Umverteilungen. Bei den Renten und der
Altersvorsorge, bei den Altersheimen, bei den Gesundheitskosten, bei den sozialen Einrichtungen wie den Kinderta-
gesstätten, in der Landwirtschaft, in der Energiewirtschaft,
beim Umweltschutz und bei vielem weiterem wird umverteilt. Die Einnahmen stammen weitgehend von den Steuern der Mittelschicht; andere direkte Steuern wären viel zu
gering. Dabei verschlingt der Umverteilungsapparat einen
Teil der Einnahmen, sodass nur ein reduzierter Betrag
(zwischen 50–80 %) der eigentlichen Zweckbestimmung
zufließt.

Verbesserungswürdig ist das System der *Umverteilungen,*
weil es auf allen Seiten zu Unzufriedenheit führt. Die Absicht, den Wohlstand aller zu fördern, gelang zwar insoweit,
dass auch die Ärmsten in den hoch entwickelten Ländern
davon profitierten und sich Wohlstandsausgaben leisten
konnten. In vielen europäischen Ländern blieb die Entwicklung positiv und die Einkommensdifferenz zwischen

---

[1] Präsident Reagan in den USA hat seinerzeit genau das getan.

Armen und Reichen nahm weiterhin ab (vgl. Abschn. 6.2). In anderen Ländern (Südeuropa mit Frankreich, USA) nahm aber diese Differenz in den letzten Jahren wiederum zu, vor allem in denjenigen europäischen Ländern, die zentralistisch organisiert sind, deren Zentralstaat (die Bürokratie) übermächtig wuchs und als Folge die Staatsquote enorm stieg. Jemand muss diesen Zentralstaat mit seinen Umverteilungen auch bezahlen.

Umverteilungen sind notwendig zum Erhalt des sozialen Friedens. Sie sind aber nicht effizient, es „verdunstet" viel Geld und, wenn sie zu hoch sind, beginnt einerseits die „Flucht" davon und anderseits die Bequemlichkeit der Nutznießer; Missbräuche nehmen zu. Bei hohen und meist ineffizienten Umverteilungen geht zudem der Gemeinsinn im Mittelstand verloren. Es steigt die Erwartungshaltung, die der Staat kaum noch erfüllen kann und es folgt der Ruf nach noch mehr Steuern, um noch mehr umzuverteilen.

Umverteilungen schaffen also ihrerseits wieder Unfrieden und sie sind nicht die letzte Entwicklungsstufe im Hinblick auf ein gerechtes System. Denn die Armen profitieren nur, indem man den Reichen etwas wegnimmt. Sie schaffen also ihr Wohlstandsniveau nicht selbst durch eigene Arbeit und eigene Ideen, sondern nur durch „Schädigung" anderer. Das kann niemanden befriedigen. Die Reichen dagegen müssen von ihrem Reichtum zwangsweise abgeben, was sie unabhängig von der dahinter liegenden sozialen Rechtfertigung meist ärgert. Ihr Ärger führt zu Gegenmaßnahmen, die auch nicht zum Frieden beitragen, so wenn Milliarden in Wahlkämpfe fließen, um das Wirtschaftssystem der Reichen zu fördern (z. B. USA). Schließlich bedingt die Umverteilung eine riesige Bürokratie, die wir auch nicht wollen.

Ziel muss sein, dass jeder seinen Wohlstand selber verdienen kann. Das Lohnsystem muss jedem Bürger erlauben, anständig zu leben sowie seine Altersvorsorge, seine

Krankenversicherung, etc. zu finanzieren – und zwar ohne Umverteilungen und Bürokratie. Zwar wird durchaus als gerecht empfunden, wenn Leistung belohnt wird. Es darf daher derjenige, der mehr arbeitet oder mehr für unsere Gesellschaft beiträgt, auch mehr verdienen. Nur Profiteure, die von unserer Gesellschaft (und damit von denjenigen, die mehr leisten) nur nehmen, kaum aber selber etwas beitragen, lehnen wir ab. Also birgt ein System mit Umverteilungen auch die Gefahr von politischer Unzufriedenheit und Streit. Zwar verdienen einige zu viel und andere, die auch arbeiten und das ihre zur Gesellschaft beitragen, erhalten zu wenig. Das muss korrigiert werden. Den Erfolgreichen nehmen und den Profiteuren geben, kann auf Dauer jedoch nicht die Lösung sein, zumal lauthals Umverteilungen oft gar nicht die Armen fordern, die arbeiten und sich durchkämpfen, sondern einige neidvolle Profiteure.

Daher müssen wir ein System suchen, das gerechte Löhne systemimmanent zur Folge hat, ohne dass weitere staatliche Eingriffe und Umverteilungen notwendig sind. Wir müssen ein Wirtschaftssystem schaffen, das erfolgreich ist, daher gute Löhne zahlt, sodass der Abstand zwischen arm und reich als gerecht erscheint, wobei jeder sein Niveau selbst erarbeitet. Die Umverteilung beschränkt sich dann nur noch auf solche Leute, die nicht selbst für sich sorgen können (Kranke, Invalide, etc.). Für sie wird auch der Reiche gerne Geld abgeben.

Das Wirtschaftssystem, das systembedingt zu einer gerechten Entlohnung aller führt, gibt es im Ansatz in den nordischen Staaten und in der Schweiz. Hier ist die Mittelschicht zufrieden und der Wohlstandsunterschied sinkt auch heute noch. Das System ist aber nicht perfekt und ich kann nur darauf verweisen, dass die Forschung in dieser Richtung Fortschritte machen sollte, liegt doch in der Weiterentwicklung des Liberalismus unsere Zukunft.

6.6 Chancengleichheit

Die Chancengleichheit ist auch in den hoch entwickelten Ländern nicht überall verwirklicht. So wurde gerade in den USA die Differenz zwischen reich und arm wieder größer und das Märchen „vom Tellerwäscher zum Millionär" wird immer seltener. Schuld ist wohl auch das Bildungssystem, indem die guten Schulen privat bezahlt werden müssen, was die Chancen von Kindern reicher Eltern gegenüber Kindern armer Eltern wesentlich verbessert.

Nur wo das Bildungssystem für alle gleich zugänglich ist, sind auch die Chancen gleich. Daher sind Schulen und Universitäten nicht durch Studiengebühren, sondern durch den Staat oder durch private Bildungsorganisationen zu finanzieren.

7

Exzesse im Liberalismus

Zusammenfassung Exzesse im Liberalismus sind allzu hohe Managerlöhne sowie übertriebene Gewinne im Asset Management bzw. im Firmenhandel. Wenn sich die Einkommensverteilung zulasten des Mittelstandes entwickelt, muss eingegriffen werden. Das sollte aber nicht – oft unter dem Vorwand der Steuerharmonisierung – durch weitere Steuern geschehen, die dem Staat weitere Umverteilungen ermöglichen. Gefragt sind vielmehr eine Reduktion der Staatseingriffe und die Förderung der Selbstverantwortung in einem System, das jedermann ermöglicht, sein notwendiges Einkommen selbst zu verdienen.

Es gibt Exzesse in zwei Richtungen: Einerseits haben einzelne Spitzenmanager einen Lohn, der weit über ihrer Leistung liegt, was den Frieden des politischen Systems stört – ja eigentlich das System kaputt macht. Besonders stoßend ist, wenn sie in eine hohe Stellung kommen, sich dort einige Jahre bedienen und so reich werden, dass sie schon bald wiederum abtreten können. Damit entsteht der Eindruck, es gehe ihnen nur um einige Jahre der eigenen Bereicherung und nicht um das Wohl der Firma und ihrer Mitarbeiter.[1] Zu den massiv überbezahlten Leuten gehören auch einige Spitzensportler zum Beispiel im Fußball, im Tennis u. a., obschon hier die Akzeptanz im Volk breiter zu sein scheint als bei den Managern.

Ein weiterer Exzess entstand im „Firmenhandel". Viel zu viel Geld wird „verdient" im Asset Management, also beim Kauf und Verkauf von großen Aktienpaketen oder ganzen Firmen. Die reichsten Leute der heutigen Welt haben ihr Geld als Fondsmanager oder im Aufbau und Verkauf von Firmen gemacht. Das gilt für Junge, die ein Start-up-Unternehmen wenige Jahre aufbauen und dann für Millionen verkaufen, wie auch für Firmen, die über die Start-up-Phase hinaus groß gemacht und dann über die Börse manchmal sogar für Milliarden verkauft werden. In diesen Bereichen bedarf das liberale System einer Korrektur.

7.1   Einkommensverteilung

Die Ungleichheit der Einkommen hat sich seit dem Mittelalter stark verringert und auch in der neueren Zeit ist der Trend weltweit positiv. Gemäß des Schweizerisches Bundesamtes für Statistik (Bundesamt für Statistik o. J.) ist die Entwicklung in den letzten Jahren in Europa stabil. Aber es gibt Meinungen, die ein Wiederansteigen der Ungleichheit sehen, wobei namentlich in Frankreich, Italien und Spa-

---

[1] Führungskräfte größerer Konzerne verraten und gefährden mit ihrer Gier nach übersetzten Entschädigungen die Ethik, auf der unser Wohlstand beruht. Das führt zu Regulierungsversuchen, denen in der Schweiz das Volk in einer Abstimmung zustimmte. Solche Regulierungen blieben aber bisher weitgehend wirkungslos; ob sie zielführend sind? Besser wäre, wenn die Manager freiwillig in die Ethik der „Leistung in Bescheidenheit" zurückfänden.

nien (und auch in den USA) die Ungleichheit wiederum zunimmt. Das ist eine schlechte Entwicklung, die korrigiert werden muss (vgl. auch Abschn. 5.2).

Die Ursache der neuen Ungleichheit ist das Erodieren des Mittelstandes. Als Folge nehmen die beiden Extreme – die Reichen und die Armen – zu. Also ist der Mittelstand zu stärken (durch Abbau des Staates und der Staatsquote, Deregulierung, Reduktion der Umverteilungen, etc.). Werden dem Mittelstand die enormen Lasten genommen, dann wird er wieder erstarken und die Einkommensunterschiede werden sinken.

Es gibt Meinungen von Ökonomen[2] und sogar von internationalen Organisationen wie der OECD, die das Gegenteil fordern, nämlich noch mehr Staat mit noch höheren Steuern zur Umverteilung. Diese Meinungen entstammen dem Umfeld eines überbordenden Zentralstaates, der nur Lösungen durch Staatseingriffe kennt und der nach immer neuen Steuerquellen sucht, um sich zu finanzieren. Von konkurrierenden Staaten, die mit schlanken Strukturen und tieferen Steuern mehr Erfolg haben, fordern sie die Angleichung der Steuern – also Steuerharmonisierung – da ihnen die Steuerkonkurrenz für ihre Hochsteuerpolitik im Weg steht. Dabei übersehen sie, dass solche Staaten mehr Erfolg bei der Bekämpfung der Einkommensungleichheit haben und deren Mittelstand zufrieden ist.[3]

---

[2] Thomas Piketty (2013) ortet steigende Einkommensunterschiede als großes Problem. Selbstverständlich ist eine solche Entwicklung zu korrigieren. Aber zur Korrektur schlägt er ausschließlich neue Steuern vor, wie eine rigorose Reichtumssteuer, eine Erbschaftssteuer oder eine globale Vermögenssteuer. Andere ökonomische Maßnahmen zieht er gar nicht in Betracht.

[3] Der Erfolg von Ländern ohne Hochsteuerpolitik ist nicht darauf zurückzuführen, dass Firmen dorthin umziehen, wie die Befürworter der Steuerharmonisierung begründen. Er ist eine Folge der größeren finanziellen Möglichkeiten für den Mittelstand (mehr Freiheit für Ausgaben und Aktivitäten). Das Schweizerische Stimmvolk hat Volksinitiativen für eine Reichtumssteuer auf Bundesebene und mehrfach schon in verschiedenen Kantonen abgelehnt und ist damit sehr gut gefahren.

Die Bestrebungen der OECD, internationale Firmen nach dem Ort ihres Umsatzes zu besteuern, führen ebenfalls zu einer Steuerharmonisierung „nach oben", denn sie verhelfen Hochsteuerstaaten, die deswegen die Wirtschaft verlieren, zu mehr Einnahmen. Sie fehlen nun den Sitzstaaten, so dass diese gezwungen sind, ebenfalls die Steuern zu erhöhen. Wiederum steigen die Steuern insgesamt und die Staaten mit schlanker Steuerpolitik werden bestraft.

Die Forderung der OECD nach Steuerharmonisierung wäre höchstens dann angebracht, wenn alle Staaten eine vernünftige Politik betreffend Staatshaushalt und Staatsquote betrieben. Das ist leider nicht der Fall. Es gibt Staaten mit einer ungleich höheren Staatsquote und mit überdimensionierter Bürokratie. Diese Staaten mittels einer Steuerharmonisierung durch die schlanken Staaten zu finanzieren, ist nicht nur ungerecht, es verhindert auch, dass sich die Staaten mit wenig effizienter Bürokratie endlich restrukturieren.

Die Steuerkonkurrenz wie überhaupt die Konkurrenz der verschiedenen Verwaltungssysteme (vgl. Abschn. 11.5) hilft, die Steuern tief zu halten und die Administration zu zwingen, effizient zu werden oder zu bleiben. Dazu muss den betroffenen Menschen oder Firmen die Möglichkeit belassen werden, selbst das beste Umfeld zu wählen und in der Konkurrenz der verschiedenen Systeme das beste auszuwählen. Das gilt auch bezüglich der Steuerkonkurrenz, wo es durchaus angebracht ist, „mit den Füßen abzustimmen".[4]

---

[4] „Mit den Füßen abstimmen" heißt, nicht mit dem Stimmzettel, sondern durch das tatsächliche Verhalten das beste politische System für sich wählen.

7.2   Mehr Selbstverantwortung

Wir haben die größten Freiheiten aller Zeiten und wir leben im größten Wohlstand aller Zeiten. Das sind einmalige Errungenschaften, die auf dem Wirtschaftsliberalismus in Verbindung mit den Freiheitsrechten beruhen. Es beunruhigt, wenn Menschen sich den Fundamenten unseres Wohlstands nicht mehr bewusst sind und sie mit Forderungen an Staat und Gesellschaft auszuhöhlen versuchen. Die Verbindung zum Aktivismus ist hier auffällig. Aktivistische Kampagnen scheinen sich oft dieser Fundamente nicht bewusst zu sein und untergraben sie damit regelrecht. Die Forderung nach immer neuen Gesetzen, wie sie in solchen Kampagnen beispielsweise zum Umwelt- oder Tierschutz oft stattfindet, kann nicht die Lösung sein. Bioproduktion oder andere Umweltschutzforderungen werden ebenso effizient gefördert, wenn der Mensch als Konsument *seine Freiheit nutzt*, indem er sich zum Kauf verantwortungsvoller Produkte entscheidet. Jede neue Vorschrift schränkt die Freiheit ein. Jede neue Vorschrift führt zu einer größeren Regulierungsdichte und begrenzt letztlich den Wohlstand. Sind uns weitere Regulierungen und neue Einschränkungen von Freiheit und Wohlstand das wert?

Menschen, die moralisieren, nehmen die Moral für sich in Anspruch, indem sie eigene moralisch einwandfreie Motive behaupten und den anderen das Gegenteil unterstellen. Sie wissen demnach genau, was gut und was böse ist und dass sie die Guten sind. Und sie wollen das Gute gleich mit Gesetzen durchsetzen, denen sich alle – auch die Bösen – unterzuordnen haben. Nur, sind sie wirklich die Guten? Setzt nicht gerade die Moral oft einseitige Standards, die sich von Kultur zu Kultur oder von Volk zu Volk verschieben? Gilt die Moral als derart absolut, dass sie von jedermann als höhere Wahrheit beansprucht werden darf?

8

Verhalten gegenüber Autokratien

Zusammenfassung Das Volk autokratisch regierter Nationen muss sich selbst wehren, wenn es mehr Freiheit will. Die Demonstrationen von Jugendlichen überall auf der Welt (Ukraine, Hongkong, Algerien, Südamerika, etc.) zeigen, dass sie das mit mehr oder weniger Erfolg auch tun. Wenn aber Autokraten die Menschenrechte missachten oder in der Absicht, ihr Volk hinter der Führung zu einen, eine aggressive oder gar kriegerische Außenpolitik betreiben, dann ist ihnen viel deutlicher entgegenzutreten als bisher. Einige europäische Länder „reden nur" und überlassen die harte Antwort den Amerikanern.

8.1 Mission in Wirtschaftsfragen?

Nicht alle Regionen der Erde sind auf demselben Niveau. Daher stellt sich die Frage: Wie soll sich eine erfolgreiche Demokratie gegenüber autokratischen Ländern verhalten?

© Der/die Herausgeber bzw. der/die Autor(en), exklusiv lizenziert durch Springer Fachmedien Wiesbaden GmbH, ein Teil von Springer Nature 2020
M. Meyer, *Liberaldemokratie*,
https://doi.org/10.1007/978-3-658-30478-2_8

Vorab ist festzuhalten, dass es uns nicht zusteht, unser System anderen Ländern aufzuzwingen. Wenn wir auch wissen, dass Freiheit, Liberalismus und Demokratie eine Voraussetzung ist, dass andere unseren Erfolg erreichen, so steht es uns doch nicht an, sie oft geradezu missionarisch dazu anzuhalten. Jeder ist selbst für sein Glück verantwortlich, und zwar nicht nur jeder Mensch, sondern auch jedes Land. Allerdings gibt es Grenzen im Verhalten von Autokraten, die zu einem Eingreifen zwingen.

Wo schon die *Marktwirtschaft* nicht funktioniert, steht es jedem Land frei, das so zu belassen, selbst wenn es einen geringeren Wohlstand in Kauf nimmt. Oft behaupten solche Länder, um aufzuholen brauche es eine zentrale, starke Führung. Das bedingt aber einen ehrlichen Autokraten, der das Gemeinwohl anstrebt. Denn die Delegation von Macht verlangt Vertrauen. Vertrauensvolle Autokraten gibt es aber kaum. Meist sind das Leute, denen ihre eigene Macht im Vordergrund steht und die alles tun, um diese Macht zu erhalten. Sie fördern nicht ihr Land, sondern nur sich.

8.2   Hierarchische Ordnung

Die hierarchische Ordnung findet sich überall in der Natur. Herdentiere haben ein Leittier, also einen Leitbullen, einen Wolf als Rudelführer, einen Affen, der die Herde anführt. Sie sind an eine Autorität gewöhnt, also hierarchische Wesen. Offenbar hat sich diese Struktur in der Evolution durchgesetzt, indem sie das Überleben des Rudels besser gewährleistet, als wenn jedes Einzeltier nur für sich schaut. Vermutlich gäbe es gar kein Rudel ohne Leittier, welches die Herde zusammenhält. Zudem befriedigt die hierarchische Ordnung den Trieb nach Kampf und Dominanz, indem die Stellung als Rudelführer in teils sehr aggressiven

Kämpfen errungen werden muss. Richard Dawkins hat in seinem Weltbestseller „The Selfish Gene" (2016) die Gene generell – und zwar schon seit Beginn der Evolution – als egoistisch bezeichnet. Sie sind das, ohne dass sie irgendeine Intelligenz haben.

Der Mensch an der Spitze der Evolution hat die hierarchische Führungsstruktur übernommen. Auch er ist ein hierarchisches Wesen, indem schon jede Bande von Jugendlichen einen Chef hat. Also kann die Behauptung eines Autokraten glaubwürdig sein, unter zentraler Führung werde ein Ziel effizienter erreicht. Wie eine Fußballmannschaft einen Chef braucht, um zu gewinnen, jede Armee hierarchisch organisiert ist und auch die Firmen in den marktwirtschaftlich entwickelten Ländern nebst demokratischen Führungsaspekten eine starke zentrale Führung zum Erfolg brauchen, so kann behauptet werden, auch Länder müssten autokratisch zum Erfolg geführt werden.

Die Menschen lebten schon immer in hierarchischen Strukturen mit einem Kaiser, einem König, einem Diktator an der Spitze. Dabei spielt kaum eine Rolle, wie der Anführer zu seiner Stellung kam, ob durch Geburt (Erbschaft) oder durch einen Machtkampf. Es genügt, wenn ihn die untergeordneten Menschen in ihren Wertvorstellungen als Chef anerkennen. Denn offensichtlich liegt diese Organisationsstruktur in ihrem Erbgut.

Erst in den letzten Jahrhunderten wurde die hierarchische Ordnung namentlich in Europa hinterfragt. Die Menschenrechte verlangten, dass jeder gleichberechtigt ist, also keiner über dem anderen steht. Wo es um die Regeln des Zusammenlebens geht, damit sich jeder wohlfühlt, hat auch jeder etwas zu sagen. Nur wo es darum geht, gemeinsam einen Erfolg zu erreichen, braucht es Führung und daher Hierarchie. Allerdings gibt es auch hier vermehrt egalitäre Tendenzen. Der Chef hat nicht mehr „einfach Recht".

Er muss sich die Meinung Untergebener oder von Fachleuten anhören, abwägen und dann entscheiden. Beide Extreme – die streng demokratisch geführte oder die autoritär zentralistische Unternehmung – funktionieren nicht. Es braucht eine Mischung von beidem, die von den Bedürfnissen und der Bildung der Betroffenen abhängt.

Damit stellt sich die Frage, ob die Evolution weiter fortschreitet und die Menschen der demokratischen Regionen eine Entwicklung durchleben? Erlitten diese Menschen einen evolutionären Schub, der sie altruistischer macht und von der hierarchischen Ordnung wegführt?

Jedenfalls ist eines klar: Die Regionen mit Demokratie und Menschenrechten haben wirtschaftlich mehr Erfolg als autokratisch geführte Gesellschaften. Sie sind in der Entwicklung weiter. Wo Menschen ein autoritäres Regime (einen König, einen Diktator) als selbstverständlich akzeptieren, leidet das freiheitliche, marktwirtschaftliche Denken. Solche Regionen bleiben in der Entwicklung hinter den rechtsstaatlichen Demokratien. Selbst in Asien sind demokratische Länder (Japan, Singapur, Südkorea, Taiwan) erfolgreicher im Prokopf-Einkommen als Autokratien wie China. Die Entwicklung geht überall vom Wohlstand zum Wohlbefinden (vgl. Abschn. 2.4).

8.3   Grenzen für Autokraten

Eine autokratische Ordnung ist immer etwas rückständig. Aber das ist kein Grund zum Eingreifen, denn jedes Land muss selbst wissen, ob es mit einem Autokraten gut fährt oder ob es ihn loswerden will. Es können aber Gründe entstehen, die eine Intervention erfordern; so wenn der Autokrat – meist unter Druck – seine Macht verteidigt, indem er Situationen inszeniert, von denen er glaubt, dass sie die Bevölkerung unter seiner Führung einigt und er sich damit an der Spitze halten kann.

Wenn ein Autokrat außenpolitische Konfrontationen sucht oder gar einen Krieg lostritt, muss seitens der Demokratien hart geantwortet werden. Sie haben sich in das autokratische System nicht eingemischt und dürfen nun fordern, dass auch umgekehrt keine Einmischung erfolgt. Das bedingt, dass die hoch entwickelten Länder *ihre militärische Macht behalten.* Und es bedingt auch, dass sie nicht lavieren, immer wieder behaupten, „man müsse reden", sondern Grenzen, welche überschritten werden, kompromisslos verteidigen. Wenn also religiös geführte Staaten im Ausland Kriege führen, dann sind sie hart zurechtzuweisen. Wenn autokratisch geführte Staaten einen Propagandakrieg im Ausland führen, um Wahlen zu beeinflussen und die dortige Bevölkerung zu verunsichern und wenn sie davor nicht zurückschrecken, im Ausland durch ihren Geheimdienst Gegner zu vergiften (Russland in England, Nordkorea in Malaysia, Saudi-Arabien in der Türkei) oder zu ermorden (Russland in Deutschland), dann sind sie wiederum zurechtzuweisen. Wenn schließlich Autokraten fremdes Gebiet besetzen (Russland auf der Krim; China im südchinesischen Meer; Türkei im Mittelmeer) ist ihnen ebenfalls entgegenzutreten. Es ist schade und fast nicht zu verantworten, dass die Europäer ihren Willen und ihre Macht dazu als Nachwirkung zweier Weltkriege aufgegeben haben und immer nur „reden" wollen. Statt eine Organisation zu schaffen, welche Übergriffen von Autokraten entgegentreten kann, überlassen sie damit jede konsequente Antwort den Amerikanern. Selbst Gegenseitigkeit zu verlangen bezüglich der religiösen Toleranz (Kirchen in Saudi-Arabien) oder bezüglich der Wirtschaftsfreiheit im Handel und Eigentum von Firmen, im Urheberrecht, etc. gehört zu den selbstverständlichen Spielregeln.

Wo Autokraten die *Grundrechte* nicht beachten, gilt es zu unterscheiden. Handelt es sich um Grundrechte, welche das dortige System nicht zulässt (Gewerbefreiheit, Eigentumsgarantie), ist wohl ein Eingreifen schwierig und kaum richtig. Diese Länder müssen selbst wissen, was ihnen wichtig ist. Dabei kann davon ausgegangen werden, dass die Attraktion der demokratischen Länder mit ihren Freiheiten und Rechten die Jugend überall auf der Welt begeistert und sie motiviert, dasselbe System auch irgendeinmal zu fordern.

Wenn aber Individualrechte verletzt werden, deren Verletzung bei uns unter Strafe stehen (Verletzung von Leib und Leben), dann gebietet uns schon unser Gewissen, einzugreifen. So ist Foltervorwürfen in der Türkei oder im Iran, aber auch Gefangenenlager in Russland oder „Erziehungslager" in China nachzugehen. Insbesondere dürfen uns Berichte aus der chinesischen Provinz Xinjiang, wo offenbar gegen eine Million Andersgläubige in Konzentrationslagern sind, nicht gleichgültig sein.

» Der internationale Strafgerichtshof spielt hier eine wichtige Rolle.

Wenn Länder uns nahestehen, indem sie unsere Werte teilen (einem gemeinsamen Bündnis wie der NATO oder gar der Europäischen Union angehören), sind die Hürden zum Eingreifen viel höher. Hier sind die Menschenrechte und auch die Voraussetzungen für „Good Governance" (Gewaltentrennung, keine Korruption, siehe Kap. 12). kompromisslos einzuhalten. Wiederum darf nicht nur „geredet" werden; die Grundsätze sind auch durchzusetzen. Schade, dass die kontinentaleuropäischen Länder auch diesbezüglich viel zu oft zum Reden neigen; die Engländer mit ihrer kompromisslosen Art wären für Europa wichtig, haben sie doch z. B. die Vergiftungen durch den russischen Geheimdienst sehr konsequent untersucht und das Resultat ohne Rücksichtnahme auf die Russen publiziert.

9

Furcht vor Überfremdung

Zusammenfassung Die Völkerwanderung gibt es seit Jahrhunderten und es wird sie immer geben, solange die wirtschaftlichen Unterschiede zwischen den Regionen groß sind. Also sollte man die Migration nicht nur bekämpfen; denn sie bringt für die reichen Nationen nicht nur Nachteile, sondern auch viele Vorteile. Am besten fahren diejenigen, die lernen, damit menschlich umzugehen. Politiker, die mit der Überfremdung politisieren, tun das oft, weil sie anderweitig wenige Kompetenzen haben. Ihnen geht es nicht um das Wohl des Landes, sondern um die eigene Macht.

Es gibt Regionen, die den Umgang mit Einwanderern nicht gewohnt sind. Sie befürchten eine Verwässerung der eigenen Kultur oder sie fühlen sich nicht mehr sicher und wagen sich nachts nicht mehr auf die Straße oder sie behaupten, es gehe ihnen selbst nicht gut genug, um auch noch Zuwanderung verkraften zu können. Es ist einfach für

© Der/die Herausgeber bzw. der/die Autor(en), exklusiv lizenziert durch **73**
Springer Fachmedien Wiesbaden GmbH, ein Teil von Springer Nature 2020
M. Meyer, *Liberaldemokratie*,
https://doi.org/10.1007/978-3-658-30478-2_9

Politiker, mit dieser Angst zu spielen. Solche Politiker suchen Einfluss, indem sie das Thema der Überfremdung aufgreifen und sehr einfache Rezepte („wir wollen keine Überfremdung") vorschlagen. Sie werden gewählt, obschon sie keine andere Kompetenz als die Bekämpfung der Überfremdung haben. Insbesondere fehlt ihnen meist das volkswirtschaftliche oder ökonomische Wissen, ihr Land in den Aufschwung zu führen. Den fehlenden wirtschaftlichen Erfolg lasten sie dann wiederum der Überfremdung an. Dabei vertuschen sie, dass es ihnen kaum um das Wohl des Landes, sondern nur um die eigene Macht geht.

Ein Problem der Immigration ist das Wertesystem von Einwanderern aus fremden Kulturen. Wenn zu viele Werte divergieren (kein Gemeinsinn, Clan-Orientierung, etc.), dann entsteht in der Bevölkerung ein Gefühl der Abneigung; so insbesondere, wenn die Fremden unter sich belassen werden und ausländische Satellitenquartiere, „China Towns", türkische Quartiere, etc. entstehen. Migranten müssen integriert, in unserer Sprache geschult und in den Arbeitsprozess mit Einheimischen eingegliedert werden. Spätestens die zweite Generation sollte sich nicht mehr von der einheimischen Bevölkerung unterscheiden, denn sie ging hier zur Schule. Auch die Städteplanung hat die Grundlagen dazu zu schaffen.

Die Immigration in Sozialsysteme gefährdet den sozialen Frieden und fördert Populisten, die es bekämpfen. Allerdings fallen die Beträge nicht ins Gewicht, denn die zahlreichen jungen Einwanderer, die ordentlich und meist hart arbeiten, zahlen weit mehr in die Sozialsysteme ein, als die Betrüger ihnen entnehmen. Der Missbrauch kann mit denselben Maßnahmen bekämpft werden wie der Betrug der Sozialsysteme durch Einheimische.

Zwar möchte ich als Schweizer nicht die eigenen Kompetenzen betonen und ich spreche daher in diesem Buch sehr wenig von den Erfolgen oder Misserfolgen meines Landes. Bei den Problemen um die Zuwanderer tue ich das aber, weil die Schweiz sehr viele Migranten hat und nicht nur in den letzten Jahren, sondern schon über Jahrzehnte oder gar Jahrhunderte lernen musste, wie man mit ihnen umgeht. Die Schweiz hat im Durchschnitt über das ganze Land ca. 25 % Ausländer. Größere Städte wie Zürich haben mehr als 25 % und Genf hat den einmaligen Rekord von über 33 % Ausländern.[1] Das sind mehr als in den meisten anderen europäischen Staaten. Jedes Jahr werden viele eingebürgert, derweil neue Flüchtlinge dazu kommen, sodass die Zahl jährlich nur leicht zunimmt. Schon im 17. Jahrhundert wurde die Schweiz von Hugenotten überflutet (von französischen Protestanten, die nach einem Massaker zum Genfer Calvin und von dort in die protestantischen Kantone der Schweiz flohen). Es gab noch keine Grenzen und keine Reisepässe, als plötzlich ca. ein Drittel der Schweizer Bevölkerung aus Hugenotten bestand. Wie die meisten Zuwanderer suchten sie Frieden und Arbeit. Es waren meistens hart arbeitende Leute, die dem Land viel Auftrieb gaben. Gegen Ende des 19. Jahrhunderts wurden Italiener massenweise integriert (der erste Gotthardtunnel wurde weitgehend von Italienern gebaut), später kamen Spanier, Portugiesen, dann Ex-Jugoslawen, Nordafrikaner, Türken und Iraner dazu. Heute gibt es keine Straßenbahn, in der nicht zahlreiche ausländische Sprachen in einer bunten Mischung gesprochen werden. Alle, besonders auch die Schweizer, haben sich daran gewöhnt.

Die Zuwanderer werden in den Arbeitsmarkt integriert, müssen mindestens eine der vier Landessprachen lernen

---

[1] Struktur der ständigen Wohnbevölkerung nach Kantonen am 31.12.2018: Schweizer 6.396.252 (74,857 %); Ausländer 2.148.275 (25,142 %). Genf: Schweizer 1.099.297 (66,925 %), Ausländer 543.283 (33,075 %); Zürich: Schweizer 1.112.574 (73,149 %), Ausländer 408.394 (26,850 %). (Bundesamt für Statistik 2019b).

und ihre Kinder gehen hier zur Schule. Die meisten Zuzüger sehnen sich nach Arbeit und wollen sich ihr Leben selbst verdienen. Heute sind Italienischstämmige als Mitglieder von Kantonsregierungen und der Landesregierung tätig und die „Italianità" wurde geradezu zu einem Hype. Auch Subsahara-Afrikaner haben es zu Gemeindepräsidenten geschafft und in einer Gemeinde in den waadtländer Alpen wurde ein Ausländer als Präsident der Einbürgerungskommission[2] gewählt. Einige Gemeinden gaben Ausländern nach dem Grundsatz „wer Steuern zahlt, soll auch mitbestimmen und Verantwortung tragen" auf kommunaler Ebene die politischen Rechte. Dabei geht die französische Schweiz voran, aber auch in Zürich wird diskutiert, Ausländern mit mehr als fünf Jahren Aufenthaltsdauer auf Gemeindeebene das Stimmrecht zu geben. Es wird argumentiert, dass es doch nicht sein könne, 25 % der Steuerzahler von der Verantwortung auszuschließen. Der CEO eines der größten Chemieunternehmens aus Basel ist ein indisch-stämmiger Amerikaner und der CEO der zweitgrößten internationalen Bank der Schweiz (Crédit Suisse) stammte bis zum Februar 2020 aus Subsahara-Afrika. Wichtig war dabei immer, dass die schweizerische Identität nie verloren ging. Im Gegenteil: Die Zuzüger werden meist bessere Schweizer, welche die hiesigen Gepflogenheiten weit mehr schätzen und verteidigen als die alteingesessenen Personen. Beispiele: Kürzlich rühmte der CEO einer mittelgroßen Bank am Stammtisch in meiner Anwesenheit seine Bank als „Secondo-Bank".[3] Immer wenn er jemanden einstelle und die Wahl habe zwischen einem alteingesessenen Schweizer oder einem Secondo wähle er letzteren, „denn die sind ehrgeiziger und wüssten noch, dass man hart

---

[2] Die Kommission gibt auf Gemeindeebene Empfehlungen zur Einbürgerung ab. Hier hat die Gemeinde die Wahl von Ausländern in ihre Gremien zugelassen.

[3] Secondos werden die in der Schweiz geborenen und aufgewachsenen Kinder von Zuwanderern genannt.

arbeiten muss, um etwas zu erreichen". Oder: In einem Fremdenverkehrsort wurde ich in einem Café von einem Araber bedient, der meinte, ich sei ausländischer Tourist. Ich ließ ihn in diesem Glauben. Da nicht viele Leute anwesend waren, kamen wir ins Gespräch und er erklärte mir mit sichtlichem Stolz und geradezu perfekt das politische System der Schweiz. Er war Schweizer geworden und ich fragte ihn nach seiner Meinung in der damals bevorstehenden Volksabstimmung zur Senkung der Firmensteuern. Er war im Detail im Bild, erklärte mir die Vorlage und dass er zustimmen werde, weil der Erhalt der Konkurrenzfähigkeit überall – auch im fiskalischen Bereich – wichtig sei, viel wichtiger als dass der Staat mehr Geld erhalte, um umzuverteilen. Er war konservativer als manch alteingesessener Schweizer.

Die Schweiz hat von den Zuwanderern stark profitiert. Sie brachten neue Ideen und halfen mit, den Wohlstand enorm zu mehren. Die meisten sind heute gute Schweizer und haben die Vorzüge des Landes übernommen und zu schätzen gelernt.

Das Schweizer Volk hat sich in mehreren Volksabstimmungen zur Zuwanderung geäußert. Es hat sie nie verboten, sondern auf sehr hohem Niveau beschränkt und namentlich dafür gesorgt, dass die Integrationsfähigkeit nicht durch die schiere Zahl gefährdet wird. Im Februar 2012 nahm das Schweizer Volk eine Initiative gegen die Masseneinwanderung an. Die Initiative richtete sich gegen das Freizügigkeitsabkommen mit der EU, das für die Schweiz eine überbordende Zuwanderung gebracht hatte, indem die Prognosen auf weit über die schon vorhandenen 25 % gingen. Das Volk stimmte zu, die Zuwanderung künftig wieder selbst zu steuern und nahm eine Verletzung des Abkommens mit der EU in Kauf. Diese hat denn auch massiv auf die Schweiz Druck ausgeübt, dürfe doch die Freizügigkeit als einer der Eckpfeiler der EU nicht verletzt werden. Die EU hätte wohl damals besser auf einen derart frühen (2012) Volksentscheid zur Zuwanderung gehört und ihn ernst genommen. Denn die Zuwanderung ist kein Menschenrecht. Sie muss objektiv begrenzt werden durch die Integrationsfähigkeit eines Landes. Können die Ausländer nicht mehr integriert werden, ist die Zuwanderung entsprechend zu dosieren. Zwar ist die Freizügigkeit anzustreben. Sie funktioniert aber nur, wenn der wirtschaftliche Standard innerhalb der Freizügigkeitsgrenzen gleich ist (wie zum Beispiel in den USA), sodass es nur darum geht, wer wo lieber leben möchte. Wenn aber das Wohlstandsniveau sehr unterschiedlich ist, werden die Gebiete mit hohen Löhnen überflutet. Die EU erlebt das mit den Immigranten aus osteuropäischen EU-Ländern. Wieso darf man den Zuzug solcher Immigranten behindern und trotzdem die Freizügigkeit als Eckpfeiler der EU betonen? Wendet man für dasselbe Problem zwei unterschiedliche Maßstäbe an?[4]

Hätte die EU auf den sehr frühen Volksentscheid eines Landes mit 25 % Ausländern gehört, hätte sie wohl ihre späteren Probleme der Zuwanderung ähnlicher Art besser verstanden. Vielleicht wäre sogar die Abstimmung der Engländer zum Brexit anders ausgegangen, war doch auch dort die Freizügigkeit innerhalb der EU (zu viele Polen in Mittelengland) eines der maßgeblichen Themen.

Fazit: Die Zuwanderung bringt Arbeitswillige oft mit vielen neuen Ideen, die sich eine Existenz aufbauen wollen und nur selten einfach Profiteure. Wenn sie in Sprache und Arbeitswelt integriert werden, profitiert das Land von ihnen. Jedenfalls ist es unanständig, Politik zu machen auf dem Buckel der ohnehin schwächeren Ausländer – insbesondere der Flüchtlinge, die oft Fürchterliches durchma-

---

[4] Qualifizierte Immigranten schwächen ihr Herkunftsland („Brain Drain"). So sind zum Beispiel in Auswanderungsländern wie Kroatien gute Handwerker kaum mehr vorhanden.

chen mussten. Solche Politiker würden besser durch geeignete Maßnahmen die Wirtschaftskraft ihres Landes stärken. Dazu fehlt ihnen aber meist die Kompetenz, weswegen sie sich zur Ablenkung über andere Themen – Überfremdung eignet sich dazu bestens – zu profilieren versuchen.

10

Bildung und Kultur

Zusammenfassung Die Menschen kommen bei der Geburt mit weitgehend den gleichen durchschnittlichen Qualifikationen zur Welt. Sie entwickeln sich aber nach der Geburt aufgrund der äußeren Einflüsse – der Kultur – anders. Daher ist Bildung eine wichtige Voraussetzung, sich von solchen Einflüssen zu befreien. Sie ist Voraussetzung für den Wohlstand und sie sollte jedermann frei zugänglich sein, um die Chancengleichheit zu verbessern.

10.1 Bildung formt die Menschen

Das römische Reich umfasste über Jahrhunderte alle Gebiete um das Mittelmeer (Nordafrika, Arabien, Mesopotamien, Türkei, weitgehend ganz Europa und England bis zur Mitte der Insel). Die Menschen in diesem riesigen Reich und wohl auch in den angrenzenden Gebieten vermischten sich, indem zum Beispiel die in einer Region stationierten

© Der/die Herausgeber bzw. der/die Autor(en), exklusiv lizenziert durch **81** Springer Fachmedien Wiesbaden GmbH, ein Teil von Springer Nature 2020 M. Meyer, *Liberaldemokratie*, https://doi.org/10.1007/978-3-658-30478-2_10

Legionen immer aus einer anderen Region stammen mussten. Daher wird der Genpool all dieser Menschen auf dem Gebiet des ehemaligen römischen Reiches, also heute in und rund um Europa, ähnlich sein und bezüglich der geistigen Fähigkeiten wird wohl im statistischen Durchschnitt jedes Neugeborene in etwa die gleiche Ausgangslage haben. Nach der Geburt aber entwickeln sich die Menschen anders. Insbesondere wissen wir, dass sich das Gehirn je nach seinem Einsatz formt. Teile des Gehirns, die stärker beansprucht werden, bilden sich stärker aus und werden agiler als jene Bereiche, die man kaum nutzt. Auch wissen wir, dass bis ins hohe Alter neue Gehirnzellen entstehen, um stark beanspruchte Gehirngegenden zu verstärken. Fällt ein Teil des Gehirns aufgrund eines Unfalls aus, kann diese Funktion ein anderer Gehirnteil übernehmen. Dabei kann er wachsen und es entstehen neue Gehirnzellen zur Erfüllung der Aufgabe (DasErste.de o. J.; Monks – Ärzte im Netz o. J.).

Das Gehirn, das von Beginn an geschult und gebildet wird, trainiert damit seine Kapazität zur Aufnahme von Wissen. Muss sich das Gehirn aber schon in früher Jugend mit Gewalt auseinandersetzen, kommt es damit besser zurecht. Daher ist Bildung wichtig. Wo das Gehirn für Bildung beansprucht wird, begreift es deren Bedeutung und ist motiviert, zu lernen. Ein solcher Mensch setzt sich eher für die Förderung der Bildung im Staat wie auch für seine eigene Bildung ein.[1]

Bildung wird in der Form von Schulbildung, aber auch durch die Einbettung in Familie und Kultur vermittelt. Die Kultur ist ein Wertesystem, das Ansichten und Verhaltensregeln vorgibt, die eine Entwicklung beschleunigen, aber

---

[1] Das Umfeld formt einen Menschen. Hat er sich beispielsweise lange Zeit mit geheimdienstlicher Tätigkeit befasst (Putin), liegen hier seine Stärken und weniger bei intrigenfreien Konfliktlösungen. Die Kenntnis des früheren Umfelds kann also auch dazu dienen, einen Menschen zu beurteilen.

auch verzögern oder gar verhindern können. Sie formt also einen Menschen.

10.2 Voraussetzung für Wohlstand

Bildung ist die wichtigste Voraussetzung für Wohlstand und Frieden. Nur ein weltweit bestes Schul- und Bildungssystem führt zu einem Lebensstandard an der Spitze. Wenn die Bildung vernachlässigt wird, beginnt ein Abwärtstrend. Trägheit in der Schulung – vielleicht sogar als Folge des Wohlstands – ist katastrophal.

Auch in den Entwicklungsländern sind Bildung und Kultur wichtig für einen erfolgreichen Weg zum Wohlstand. Es gibt Untersuchungen (Landes 1910), welche die Kultur im Sinn von Wertvorstellungen und Verhaltensnormen als den entscheidenden Unterschied zwischen Nationen mit oder ohne Erfolg sehen. Geschulte Leute bilden das Fundament für den Wohlstand; denn sie hinterfragen die Kultur, die nicht mehr als gottgegebenes Denk- und Verhaltenssystem gesehen wird. Die Kultur sollte insbesondere den Unternehmergeist fördern. Wo sie ihn unterdrückt, ist Wohlstand nicht möglich. Denn was letztlich zählt sind Innovationsgeist sowie Arbeit, Sparsamkeit, Redlichkeit, Geduld und Beharrlichkeit – also eine reformatorisch-calvinistische Ethik, wie wir sie in Mittel- und Nordeuropa kennen.

10.3 Regulatorische Hindernisse

Da die durchschnittliche Intelligenz aller Menschen bei Geburt ähnlich ist, dürfte die unterschiedliche wirtschaftliche Entwicklung nicht auf die Gene zurückzuführen sein.

Sie hängt von anderen Faktoren wie Bildung, Kultur und Infrastrukturen sowie vor allem von den *Rahmenbedingungen* ab, die der Staat demjenigen bietet, der sich entfalten möchte. Es ist entscheidend, ob die Gründung einer Firma wenige Tage oder einige Wochen oder sogar einige Monate beansprucht. Es ist entscheidend, ob der Unternehmer dann auf zahlreiche regulatorische Hindernisse stößt, die ihn in seiner Tätigkeit behindern, und ob er wiederum zahlreiche Bewilligungen einholen muss, bis er endlich anfangen kann (zur Regeldichte und deren Einfluss auf den Wohlstand siehe Abschn. 6.4).

10.4 Grundlage für Demokratie

Schließlich ist die Bildung eine notwendige Grundlage für die Demokratie. Nur wenn das Volk die Zusammenhänge versteht und einen hohen Informationsstand hat, kann es auch beurteilen, ob sein Entscheid sich positiv oder negativ auf die Zukunft auswirken wird. Und nur dann, wenn es Populisten entlarven kann und demokratieerprobt entscheidet, wird es Leute wählen, die nicht nur die Eigeninteressen verfolgen, sondern die Interessen aller im Auge haben.[2] Es gibt Meinungen, wonach eine Regierung mit gut gebildeten Technokraten bessere Ergebnisse erziele als eine gewählte Regierung. Das mag in der Theorie der Fall sein. Praktisch aber wird es eine derart uneigennützige Regierung kaum geben und vor allem befriedigt sie das Bedürfnis der Menschen nicht, in einer selbstbestimmten Demokratie

---

[2] Einige Diktatoren wurden anfänglich von einem nicht demokratieerprobten Volk gewählt, so Hitler und Mussolini. Aber auch Erdogan in der Türkei wurde gewählt, obschon er inzwischen Tausende verhaften ließ, dabei die Gewaltentrennung missachtete und auch Kriege führt – sich also wie ein Diktator benimmt.

leben zu wollen. Denn Demokratie ist Bestandteil der Freiheit; Selbstbestimmung trägt zur Lebenszufriedenheit bei.

10.5 Kostenlose Bildung

Bildung muss für alle kostenlos zugänglich sein (vgl.
Abschn. 6.6). Nur so ist die Chancengleichheit gewährleistet. Das bedingt, dass sie vom Staat bezahlt wird. Wo gute
Bildung nur den Kindern mit reichen Eltern vermittelt
wird, weil sie etwas kostet, das nur die Reichen zu bezahlen
vermögen (teilweise auch in der USA), besteht keine
Chancengleichheit.

11

Strategischer Aufbau der Europäischen Union

Zusammenfassung Die europäische Union ist als großer
Markt und als Friedensprojekt für Europa sehr erfolgreich.
Sie nimmt die ihr ursprünglich zugewiesenen Zuständig-
keiten wahr. Leider aber werden ihr durch Einzelverträge
beinahe wahllos immer weitere Aufgaben zugewiesen, wobei eine Strategie fehlt, welche Aufgaben auf die supranationale Ebene gehören und welche nicht. Zwar enthält der
EU-Vertrag das Prinzip der Subsidiarität. Ob es aber beachtet wird? Jedenfalls entsteht der Eindruck einer überbordenden Bürokratie in Brüssel. Zur Ineffizienz trägt auch
bei, dass Aufgaben nicht der supranationalen Ebene übertragen wurden, die eigentlich dorthin gehören, wie die Außenpolitik und die Verteidigung. Beides zu zentralisieren
würde nicht nur die EU, sondern auch die ihr angehören-
den Nationen stärken. Schließlich ist die faktische Versozia-
lisierung der Schulden und als Folge die Niedrigzinspolitik
für die strukturelle Entwicklung der Länder kaum hilfreich.

© Der/die Herausgeber bzw. der/die Autor(en), exklusiv lizenziert durch **87**
Springer Fachmedien Wiesbaden GmbH, ein Teil von Springer Nature 2020
M. Meyer, *Liberaldemokratie*,
https://doi.org/10.1007/978-3-658-30478-2_11

11.1 Großer Markt

Distanzen sind kaum mehr Hindernisse für den Welthandel; er nimmt als Folge stark zu. Dienstleistungen und Produkte werden weltweit bezüglich Qualität und Preis verglichen, also müssen sie auch weltweit konkurrenzfähig sein. Immer wieder stehen aber bürokratische Hindernisse der Konkurrenzfähigkeit entgegen; sie sind möglichst abzubauen. Mindestens aber sollten sie weltweit ähnlich sein, um nicht einen Anbieter gegenüber dem anderen zu bevorzugen. Das gilt für Zölle, für Zulassungsvorschriften, Wettbewerbsordnungen, etc. Dem Wohlstand einer Region ist am besten gedient, wenn ihre Erzeugnisse frei von sachfremden Vorschriften in die ganze Welt verkauft werden können, und nur noch die Qualität und der Preis verglichen werden müssen.[1]

Am einfachsten ist die Schaffung eines großen Marktes, wie das Europa tat. Wer hier arbeitet, kann frei von bürokratischen Hürden in alle Regionen des Marktes liefern. Wer diesem Markt nicht angehört, muss Zollformulare ausfüllen, die Zulassung für sein Produkt im eigenen Land und im Lieferland erwirken, etc. Sein Angebot wird entsprechend teurer und weniger konkurrenzfähig.

Wo ein großer offener Markt besteht, müssen auch die Marktregeln einheitlich sein und es ist selbstverständlich, dass sie von allen Teilnehmern zu akzeptieren sind. Gab es bisher je nach Staat zwei oder drei politische Ebenen (Gemeinden, Land/Region, Staat), welche die Kompetenz zur selbstständigen Regelung zahlreicher Angelegenheiten haben, so kommt nun eine weitere Ebene dazu. Sie liegt über

---

[1] Wer zum Schutz der eigenen Wirtschaft Zölle einführt (Präsident Trump in den USA) verkennt, dass sie das Produkt verteuern und der eigene Konsument das bezahlt. Er bezahlt es, indem er entweder das ausländische Produkt weiterhin kauft oder indem die eigene Wirtschaft – nun gegenüber den ausländischen Produkten konkurrenzfähig – das Produkt teurer herstellt.

dem Nationalstaat und schafft die Regeln für den großen Markt.

Die supranationale Ebene muss auch die Regeln für die
Wirtschaftsbeziehungen zu anderen großen Märkten verhandeln (Europa/USA/China). Denn sie hat mehr Gewicht
als jedes Land und sie trägt zur internationalen Standardi-
sierung der Regeln bei, was im Interesse aller ist. Denn zahlreiche unterschiedliche Freihandelsabkommen, wie sie bis
heute gelten, fraktionieren die Regeln, schaffen Unüber-
sichtlichkeit und verschlechtern die Wettbewerbsfähigkeit
der einen, die beim Aushandeln des Freihandelsabkom-
mens auf innenpolitische Befindlichkeiten Rücksicht nehmen müssen (z. B. auf die Landwirtschaft) zulasten anderer,
die weltoffen verhandeln können.

11.2 Friedensprojekt

Europa beschränkt sich nicht auf die Regeln für den freien
Markt, ist also nicht nur eine Wirtschaftsunion. Europa ist
auch ein Friedensprojekt, das kriegerische Katastrophen auf
seinem Gebiet verhindern soll. Daher ist der Zusammen-
schluss enger und umfasst zusätzliche Bereiche. Als Bürger
eines Landes, das der Union nicht angehört, betrachte ich
die Entwicklung von außen. Ich stehe ihr aber sehr positiv
gegenüber, hat die Europäische Union doch viel erreicht.
Allerdings erlaube ich mir in einer Richtung Kritik: Es ist
keine Strategie erkennbar, welche Aufgaben zur supranationalen Ebene gehören und welche nicht. Es fehlen Regeln
bei der Übernahme von Aufgaben – Regeln die einen Aufbau der Union erfolgreicher machen würde.

11.3 Zuständigkeit der EU

Gemäß dem Vertrag über die Arbeitsweise der EU (AEUV) Art. 3 gehört in die ausschließliche Zuständigkeit der EU:

* Die Zollunion
* Die Wettbewerbsregeln für den Binnenmarkt
* Die Währungspolitik für Mitgliedstaaten, deren Währung der Euro ist
* Die Erhaltung der biologischen Meeresschätze im Rahmen einer gemeinsamen Fischereipolitik
* Eine gemeinsame Handelspolitik
* Der Abschluss internationaler Übereinkünfte

Dazu kommen zahlreiche Aufgaben mit geteilter Zuständigkeit zwischen der EU und den zugehörigen Nationen oder mit koordinierender bzw. unterstützender Zuständigkeit der EU. Solche Aufgaben wurden in verschiedenen Verträgen unter den EU-Nationen zusätzlich übernommen, wenn ein Thema gerade aktuell war, also mit Blick von außen planlos und ohne Konzept. So ist heute die EU auch noch tätig in der Sozialpolitik (hinsichtlich bestimmter Aspekte), in der Landwirtschaft und Fischerei, in der Umweltpolitik, im Verbraucherschutz, im Verkehr, bezüglich der transeuropäischen Netze, in der Energie, in der Sicherheit und in Bereichen des Rechts, in der öffentlichen Gesundheit, in der Forschung, der technologischen Entwicklung und der Raumfahrt oder in den Bereichen der Entwicklungszusammenarbeit und der humanitären Hilfe. Die EU trifft ferner Maßnahmen zur Koordinierung der Beschäftigungspolitik oder sie kann Initiativen zur Koordinierung der Sozialpolitik und im Hinblick auf eine gemeinsame Außen- und Sicherheitspolitik ergreifen.

Die Aufzählung ist nicht abschließend. Es entsteht der Eindruck eines Durcheinanders zahlreicher Aufgaben ohne strategisches Ziel. Nachstehend zähle ich die Grundsätze auf, die beim Entscheid der Übernahme neuer Aufgaben beachtet werden müssten.

11.4 Subsidiaritätsprinzip

Zwar ist in der EU das Subsidiaritätsprinzip gemäß Art. 5 Abs. 3 EU-Vertrag (vgl. auch das Protokoll Nr. 2 über die Anwendung der Grundsätze der Subsidiarität und der Verhältnismäßigkeit (Konsolidierte Fassung des Vertrags über die Arbeitsweise der Europäischen Union 2008) vorgeschrieben.[2] Wird es aber konsequent beachtet?

Kompetenzen gehören, wo immer möglich, auf die unterste politische Ebene. Ein Volk fühlt sich wohl, wenn es nach seinen Bedürfnissen und seiner Eigenart lokal entscheiden darf. Dadurch ist es nicht „von oben" regiert. Dezentral organisierte Staaten geben der Bevölkerung ein Wohlgefühl der Mitsprachemöglichkeit, sind es doch oft die lokalen Aufgaben, die interessieren, Diskussionen verursachen und daher auch lokal entschieden werden sollten.

Verschiedene europäische Staaten sind zentral organisiert, weil irgendwann einmal in ihrer Geschichte ein autokratischer Fürst die Macht an sich riss (in Frankreich der Sonnenkönig Louis IV, der die regionalen Fürsten nach Versailles beorderte, um sie dort unter Kontrolle zu halten). Diesen Fürsten ging es um ihre zentralisierte Macht und

---

[2] Art. 5 Abs. 3 des EU-Vertrags lautet: In den Bereichen der nicht ausschließlichen Zuständigkeit darf die EU nur dann tätig werden, „insofern und soweit die Ziele der in Betracht gezogenen Maßnahmen von den Mitgliedstaaten weder auf zentraler noch auf regionaler oder lokaler Ebene ausreichend verwirklicht werden können, sondern vielmehr wegen ihres Umfangs oder ihrer Wirkungen auf Unionsebene besser zu verwirklichen sind" (Vertrag über die Europäische Union).

nicht um das Wohl des Volkes. Als Folge wird heute noch die Bewilligung einer größeren Baute in einem französischen Gebiet, das wirtschaftlich als Außenquartier von Genf gelten könnte, von Paris entschieden, derweil einige hundert Meter weiter über die Grenze eine solche Bewilligung die dortige Gemeinde des Kantons Genf erteilt. Aber auch in Italien ist der Neubau einer Straße in Rom zu beantragen, wobei es oft Monate dauert, bis von dort überhaupt eine Antwort kommt. Das zentralistische System ist wenig volksnah und schwerfällig.

Sind wirklich alle oben aufgeführten Tätigkeitsgebiete der EU nur von ihr lösbar und lehnt sie konsequent Aufgaben ab, die auch von einer unteren politischen Ebene lösbar sind?

Die EU müsste bei der Zuordnung der Aufgaben das Subsidiaritätsprinzip an die erste Stelle setzen. Sie förderte damit das Wohlbefinden ihrer Bürger in allen Regionen. Die Probleme mit den Katalanen, den Basken, mit dem Südtirol (inzwischen wohl gelöst) und mit vielen weiteren Regionen wären entschärft.

11.5 Konkurrenz der Systeme

Gute Rahmenbedingungen für die Wirtschaft helfen, die Konkurrenzfähigkeit insgesamt zu erhalten. Die Rahmenbedingungen werden von der Politik geschaffen, wobei das Subsidiaritätsprinzip dazu führt, dass zahlreiche autonome Gemeinden, Regionen, Staaten für die Aufgaben, die in ihre Zuständigkeit fallen, in Konkurrenz stehen.

»Das Subsidiaritätsprinzip führt zur Konkurrenz unter den politischen Ein-

heiten – also zu einer Konkurrenz der Systeme.

Wenn jede politische Kompetenz soweit nach unten delegiert wird wie möglich und jede politische Einheit über die Lösung einer Aufgabe autonom entscheidet, dann ist das nicht nur bürgerfreundlich und volksnah, sondern es fördert auch den Wettbewerb unter den politischen Einheiten. Sie vergleichen ihre Bürokratie und übernehmen gute Lösungen anderer, sodass sich mit der Zeit die beste Lösung eines Problems durchsetzt, was insgesamt zu einer optimierten Lösungskultur führt.

Selbst die unterschiedlichen Steuersätze stehen in Konkurrenz zueinander. Sie bewirken, dass die Steuerlast insgesamt nicht übermäßig anwächst.[3] Die Konkurrenz unterschiedlicher Bauvorschriften, unterschiedlicher Arbeitsbedingungen oder unterschiedlicher Gesundheitskosten sorgt dafür, dass sich die beste Lösung abzeichnet und durchsetzt.

» Die *Konkurrenz der Systeme* fördert die Entwicklung von administrativ optimalen Lösungen und damit den Wohlstand.

International unterlag in der Konkurrenz der Systeme der kommunistische Osten gegenüber dem marktwirtschaftlichen Westen. Es ist davon auszugehen, dass in Verbindung mit der modernen Kommunikation, die den

---

[3] Diejenigen, welche die Steuern harmonisieren wollen, sind die Steuerkartellisten. Sie wollen keine Steuerkonkurrenz, sondern folgen dem europäischen Hochsteuerkartell, um Mehreinnahmen für Umverteilungen zu erhalten.

Erfolg oder Misserfolg einer Gesellschaft schonungslos offenlegt, trotz Zensur und Desinformation keine dauerhafte Beschränkung der Freiheit durch Diktaturen mehr möglich ist. Die Konkurrenz der Systeme verhindert das.

Der Konflikt wird oft zwischen den Befürwortern einer freiheitlichen Marktordnung und denen, die bestrebt sind, die Konkurrenz auszuschließen, ausgetragen. Erstere sind Dezentralisten und Anhänger des Subsidiaritätsprinzips (Föderalisten), letztere sind Zentralisten und Anhänger von einheitlichen Lösungen. Die Zentralisten müssen ihre etatistischen Lösungen mit Zwang durchsetzen; denn ihre Lösungen beschränken immer auch die Freiheit. Da aber die inquisitorischen Methoden des Mittelalters oder der Gulag der Kommunisten nicht mehr denkbar sind und unsere Gesellschaft dem durch das Strafrecht unterstützen Zwang Grenzen setzt, wird es immer wieder Gruppen geben, welche zentrale Lösungen ablehnen und ausscheren. Der Komfort der Konkurrenzbehinderung wird in einem demokratischen System nie dauerhaft sein.

Das Subsidiaritätsprinzip und die Dezentralisation der Macht sind eine der Stützen der Prosperität. Den Harmonisierungstendenzen ist deshalb entschieden entgegenzutreten. Es dürfen nicht immer mehr Kompetenzen der obersten Ebene zugeordnet werden. Zudem gilt es, den Blick für das Gesamte zu schärfen, statt sich in Details zu verlieren. Es ist unmöglich, absolute Gerechtigkeit durch Gesetze herzustellen. Überdies bedingen Staatseingriffe im Interesse einzelner Gruppierungen eine Administration und vergrößern die Bürokratie. Die Staatsquote steigt. Diejenigen, die das Bruttosozialprodukt erarbeiten, nehmen im Verhältnis zu den unproduktiven Verwaltern ab, was ebenfalls zu einer Verringerung des Wohlstands beiträgt.

Gesellschaftliche Gruppierungen, die mit politischem Druck Privilegien für sich durchsetzen, werden eines Tages feststellen müssen, dass solche Vorteile nie auf Dauer gesichert sind. Mögen die Ziele der Begünstigten durch die Staatsintervention anfänglich auch erreicht worden sein, das Rad der Geschichte dreht sich weiter. Jede Planung ist irgendwann einmal überholt. Dann setzt eine Art Eingriffkaskade ein. Man ruft nach weiteren Maßnahmen zur Sicherung der alten Privilegien. Andere werden aber erneut versuchen, die Regulierung zu unterlaufen und mit neuen Ideen einen Teil des Kuchens zu erhalten. Das wiederum führt zum Ruf nach noch strengeren Gesetzen zum Schutz der Privilegien. Vielfach helfen dann nur noch rigorose und unverhältnismäßige Methoden wie die Kriminalisierung. Das Strafrecht wird zur Sicherung von Partikularinteressen missbraucht.[4] Diese Spirale der Staatseingriffe dreht sich tiefer und tiefer. Sie führte bei den Kommunisten zum Polizeistaat.

11.6 Überbordende Bürokratie

Indem sich die Europäische Union konzept- und beinahe wahllos neue Kompetenzen aneignet, entsteht der Eindruck einer überbordendenden zentralen Bürokratie. Wenn selbst „die Krümmung der Banane" zentral verordnet wird, dann ist die Kompetenzordnung falsch. Der Eindruck einer demokratisch nicht kontrollierten, viel zu großen Bürokratie in Brüssel macht leider viele misstrauisch gegenüber der EU.

---

[4] Fast jedes neue Gesetz enthält inzwischen einen Abschnitt mit strafbaren Handlungen, indem offenbar die zivilrechtliche Haftung zur Durchsetzung von gesetzlichen Pflichten nicht mehr genügt. So werden in diversen Ländern die Verletzung von Einfuhrkontingenten zum Schutz der Landwirtschaft, die Verletzung von Informationspflichten gegenüber dem Kunden in der Finanzdienstleistung, die Unterlassung der Arbeitszeiterfassung in einem Betrieb, deren Durchsetzung im Zeitalter des Home-Office besonders absurd ist, die Widerhandlung gegen die Bestimmungen zum Schutz der Mieter, etc. bestraft.

11.7 Delegierung zentraler Aufgaben

Zentrale Aufgaben einer überstaatlichen Ebene in Europa sind nebst der Ordnung des Wirtschaftsraums die *Außenpolitik* und die *Sicherheitspolitik* (nach außen die *Verteidigung* und nach innen die Grenzkontrollen und die Koordination der polizeilichen Ermittlungen, Polizei dagegen ist eine lokale Aufgabe). Gerade diese Aufgaben an die supranationale Behörde zu delegieren, tut sich Europa aber schwer. Die Machtansprüche der Politiker der Nationalstaaten sind noch zu groß.

11.8 Währung

Eine zentrale Währung stärkt den Wirtschaftsraum und ist zahlreichen nationalen Währungen vorzuziehen. Sie ist notwendig, um nicht den starken Währungen anderer großer Wirtschaftsräume ausgesetzt oder gar von diesen erpressbar zu sein.

Allerdings bedeutet das nicht, dass auch die Schulden zentralisiert (sozialisiert) werden. Die Aufgabe der Zentralbank ist, für eine stabile Währung zu sorgen. Wenn Gemeinden, Regionalregierungen oder Nationen in der gemeinsamen Währung Schulden machen wollen, dann dürfen Sie das. Sie müssen aber selbst Gläubiger finden, die ihnen Kredite geben und sie haben die Kreditbedingungen selbst auszuhandeln. Sind sie finanziell stark, dann werden sie Geld zu tiefen Zinsen erhalten. Droht den Gläubigern aber ein Risiko, dann erhalten sie kein Geld oder nur solches mit einem Risikozuschlag. Erleidet ein Gläubiger gar einen Verlust, dann hat er ihn selbst zu tragen; eine Mithaftung anderer Gemeinwesen – also eine Solidarschuld – besteht rechtlich nicht.

Zwar ist die Solidarhaft für Schulden im Euro formell (noch) nicht eingeführt. Die europäischen Südländer drängen jedoch darauf. Bei der Sanierung von Griechenland entstand bereits der Eindruck, sie bestehe schon. Denn Griechenland musste vor allem auch saniert werden, weil viele europäische Anleger (Pensionskassen, Banken, etc. aus Frankreich oder Deutschland) griechische Staatsanleihen ohne Prüfung der Bonität des Schuldners gekauft hatten. Sie wären in enorme finanzielle Schwierigkeiten geraten, wenn Griechenland zahlungsunfähig geworden wäre. Also wurde faktisch die Sozialisierung der Schulden durch die Hintertüre eingeführt, indem die europäischen Gläubiger geschützt werden mussten. Richtig wäre, wenn die Käufer von Staatsanleihen den Schuldner selbst auf seine Bonität prüfen und allfällige Verluste selbst tragen müssten, statt sich auf die faktische Solidarhaftung der Europäer zu verlassen.

Ich stelle ein schlechtes und ein gutes Beispiel dar: Italien hat einen massiv überdimensionierten Staat, der ca. 60 % des BIP verschlingt und von der Privatwirtschaft trotz allzu hoher Steuern kaum mehr getragen werden kann. In den Zeiten der eigenen Währung (Lira) wurde er finanziert, indem die italienische Zentralbank jährlich neues Geld schuf. Die Folge war eine hohe Inflation. Der Wert des Geldes der Sparer nahm jährlich ab; sie zahlten den überdimensionierten Staat. Mit dem Euro gab es keine Möglichkeit mehr, selbst Geld zu schaffen. Aber die Zinsen im Euroraum waren derart tief, dass man weitere Schulden machen und den Staat damit finanzieren konnte. Erst als auch die Schulden viel zu hoch wurden, ging das nicht mehr. Der mit ca. 135 % des BIP (2018) völlig überschuldete Staat Italien verlangt nun, entgegen den Richtlinien der EU, weitere Schulden machen zu dürfen. Das ist viel einfacher als endlich den Staat zu restrukturieren; denn mit Blick auf die

Wahlen zahlt es sich besser aus, Europa zu fordern, statt seine Hausaufgaben anzupacken.

Heute unterstützt die europäische Zentralbank Staaten, indem sie neues Geld schafft und Monat für Monat unglaublich viele Milliarden Staatsanleihen (von Italien?) kauft, um derart den Staatshaushalt zu finanzieren. *Europa sollte nicht die Länder mit überdimensioniertem und ineffizientem Haushalt durch Staatsanleihen finanzieren und dadurch notwendige Restrukturierungen hindern, sondern sie sollte solche Restrukturierungen fördern, indem von den Gläubigern Eigenverantwortung bei der Prüfung der Bonität von Staaten erwartet wird.* Die Wahl eines Italieners an die Spitze der EZB führte zur Rettung solcher Staaten mittels einer Nullzins- oder Negativzinspolitik; denn nur schon ein geringer Zins hätte nicht verkraftbare Konsequenzen für die allzu hoch verschuldeten Länder. Italien wäre es wie Argentinien gegangen, das in den letzten Jahrzehnten immer wieder zahlungsunfähig wurde. Indem ferner die EZB die unglaublich vielen Milliarden Staatsanleihen nach dem Erwerb auf den Markt bringt, fördert sie die faktische Sozialisierung der Schulden, indem die von ihr bedienten Käufer der Staatsanleihen nun geschützt werden müssen.

Die finanziell gut strukturierten europäischen Staaten bluten für diese Politik. Bei ihnen lohnt sich Sparen nicht mehr. Ihre Pensionskassen, Fonds, etc. leiden enorm. Wieso wehren sich diese Länder nicht deutlicher?

Ein anderes Beispiel kommt aus meiner Heimat: Als eine Gemeinde (Leukerbad) ihre Schulden nicht mehr bedienen konnte und zahlungsunfähig wurde, lehnten es sowohl der Kanton also auch der Bund ab, zum Abbau der Schuldenlast beizutragen. Selbst die Behauptung eines Gläubigers, der Kanton habe seine Aufsichtspflicht verletzt, führte vor den Gerichten nicht zu seiner Haftung. Die Gemeinde wurde unter Aufsicht gestellt und musste massiv restrukturieren. Die Gläubiger der Gemeinde (Fonds, private Pensionskassen, Privatpersonen) aber trugen die Verluste selbst. Als Folge prüfen Geldgeber die Bonität von Gemeinwesen und fordern Zinsen entsprechend ihrem Risiko. Die nationale Währung oder Wirtschaftspolitik haben wegen der Zahlungsunfähigkeit der Gemeinde Leukerbad keinen Schaden genommen.

Es ist nicht die Aufgabe der EZB, Staaten zu finanzieren. Sie hat für eine stabile Währung zu sorgen. Das schließt das Kreieren von Milliarden zum Kauf von Staatsanleihen aus, wird doch damit nur die längst fällige Restrukturierung dieser Staaten verhindert.[5]

11.9 Eindruck von Außen

Europa ist die wirtschaftlich stärkste Region der Erde. Diese Region wird aber politisch ihrer Stärke nicht gerecht. Daher halte ich zusammenfassend zu Europa fest:

* Die europäische Union beachtet den Grundsatz zu wenig, wonach die Zuständigkeit auf der untersten politischen Ebene anzusiedeln ist (Subsidiaritätsprinzip), auf der sie gelöst werden kann. Das gilt für alle Themen – auch für die Erhebung von Steuern oder die Aufnahme von Schulden.
* Indem allzu oft die oberste Ebene handelt, entsteht dort eine überdimensionale Bürokratie.
* Es entsteht zudem der Eindruck einer „Regierung von oben" mit geringer demokratischer Legitimation.

---

[5] Es ist auch nicht Aufgabe der OECD, die Hochsteuerpolitik solch verschuldeter Staaten unter dem Vorwand der Steuergerechtigkeit zu stützen. Vielmehr sollte sie dazu beitragen, dass solche Staaten restrukturiert werden und ihr Wirtschaftsstandort im internationalen Vergleich konkurrenzfähig wird.

* Wichtige Aufgaben aber, die der obersten Ebene zugeordnet werden sollten, weil sie die unteren Ebenen gar
  nicht wahrnehmen können (Verteidigung, Außenpolitik), wurden nicht übertragen. Hier klammern sich die
  Staaten an ihre Macht. Einzig die Handelspolitik mit
  den ihr zugeordneten Bereichen (Zoll, Wettbewerbspoli-
  tik, etc.) gehört auch sachlich auf die europäische Ebene.

Es entsteht der Eindruck, dass eine kohärente Strategie
zum Aufbau der EU fehlt.

12

Good Governance

Zusammenfassung Damit ein Staat wirtschaftlich erfolgreich ist, darf er keine Korruption dulden. Er muss als
Rechtsstaat mit Gewaltentrennung funktionieren, die
Menschen- und insbesondere die Freiheitsrechte respektieren und als gefestigte Demokratie gelten. Diese Eigenschaften nennen wir „Good Governance". Entwicklungsländer,
welche keine „Good Governance" aufweisen, haben keinen
wirtschaftlichen Erfolg. Hier ist Hilfeleistung nicht wirk-
sam, weil das Geld in falsche Taschen fließt.

Die Grundsätze des prosperierenden Staates werden unter
dem Begriff „Good Governance" zusammengefasst. Im Folgenden wird auf die einzelnen Bereiche von Good Governance näher eingegangen.

© Der/die Herausgeber bzw. der/die Autor(en), exklusiv lizenziert durch **101**
Springer Fachmedien Wiesbaden GmbH, ein Teil von Springer Nature 2020
M. Meyer, *Liberaldemokratie*,
https://doi.org/10.1007/978-3-658-30478-2_12

12.1 Korruption

Ein Feind des Rechtsstaates ist die Korruption. Sie lenkt die Geldmittel in Hände, die nichts zum Wohlstand beitragen. Sie belohnt nicht die Leistung, sondern die verbotene Ausübung von Macht. Wer als Unternehmer einen Teil seines Gewinns der Mafia abgeben muss, ist frustriert. Er fragt sich, wieso er überhaupt noch arbeiten soll, wenn andere ohne zu arbeiten Geld machen. Wer an einer Machtposition des Staates sitzt und für eine Bewilligung privat Geld erhält, lenkt andernorts erarbeitete Mittel in Taschen, die nichts dazu beigetragen haben. Er frustriert jene, die arbeiten, hält sie sogar davon ab, in seinem Gebiet tätig zu werden und hindert dessen Erfolg. Wer Fördergelder privat einkassiert, verhindert deren Einsatz für den Fortschritt. Es ist notwendig, Staatsangestellte nach ihren Eignungen und Fähigkeiten auszuwählen (Meritokratie) und nicht auf der Grundlage von persönlichen Beziehungen.

>> **Korruption jeder Art senkt die Produktivität und damit den Wohlstand.**[1]

Entwicklungsländer, welche die Regeln der Good Governance beachten, haben schneller Erfolg als korrupte Länder. Es gibt Stimmen, die fordern, dass Länder ohne Good Governance nicht unterstützt werden sollten, weil die

---

[1] Umverteilungen durch den Staat haben manchmal eine ähnliche Wirkung wie die Korruption. Der Staat weist Mittel unproduktiven Wirtschaftszweigen oder Gesellschaftsschichten zu und frustriert damit jene, die dafür arbeiten mussten. Ihre Freude an der Arbeit und damit die Produktivität leiden darunter. Solche Umverteilung können mit Fug als eine Art „Staatskorruption" bezeichnet werden.

Entwicklungsgelder hier in falsche Taschen fließen und ohne Erfolg versickern.

12.2 Rechtsstaat mit Gewaltentrennung

Der Aufbau des Staates mit der Trennung der legislativen, der exekutiven und der richterlichen Gewalt ist ein Schlüsselelement für den Erfolg, wobei jede Gewalt *unabhängig* und *effizient arbeiten* muss. Wo eine Gewalt über der anderen steht, ist letztere nicht mehr unabhängig, sondern vollzieht die Wünsche der anderen Gewalt. Das ist der Fall, wenn sich ein Autokrat entweder dem Parlament (die legislative Gewalt) oder der Justiz oder gar beidem überordnet. In solchen Staaten funktionieren Gesetzgebung und/oder Justiz nicht unabhängig und frei. Beides ist eine Voraussetzung dafür, dass die Wirtschaft gedeiht. Wo insbesondere die Justiz unter Kontrolle eines Autokraten steht, fürchtet sich die Wirtschaft vor Willkür. Sie wird sich nicht frei entwickeln und ausländische Investitionen unterbleiben. Es genügt aber nicht, dass die Justiz unabhängig ist. Sie muss auch effizient funktionieren, damit sich die Wirtschaft auf neutrale Urteile in vernünftiger Zeit verlassen kann. Wenn ein Gerichtsverfahren zu lange dauert oder zu aufwendig ist, wird sich jeder Betroffene fragen, ob er die Justiz überhaupt anrufen will, selbst wenn er eigentlich Recht bekommen sollte. Denn er muss so lange warten, bis er zu seinem Recht kommt, dass er lieber nach anderweitigen Lösungen sucht. Als Folge beginnen die Leute, Verträge nicht mehr richtig zu erfüllen, weil die andere Partei innerhalb vernünftiger Frist und mit vernünftigem Aufwand ohnehin nichts unternehmen kann. Wirtschaftskriminelle profitieren, weil es sich nicht lohnt, sie zu verfolgen. Gerichtsverfahren sollten – abgesehen von wirklich aufwendigen

Fällen – nicht länger als ein paar Monate dauern. Das ist, wie die Gerichte der Länder aus Mittel- und Nordeuropa beweisen, durchaus möglich. Italien andererseits ist ein Beispiel, wo die Justiz zwar unabhängig ist, aber nicht effizient funktioniert. Gerichtsverfahren dauern in der Regel Jahre. Damit kommen Rechtsuchende nicht zu ihrem Recht und verzichten auf eine Tätigkeit, die auf Recht angewiesen ist.

Der *Rechtsstaat* und insbesondere die *richterliche Unabhängigkeit* sind zwingend für den wirtschaftlichen Erfolg. Ein sehr schlechtes Beispiel erlebte der seinerzeitige Präsident des Europäischen Menschenrechtsgerichtshofes. Nach seinem altershalber erfolgten Rücktritt gewährte er der Neue Zürcher Zeitung (2019) ein Interview, das hier auszugsweise (nur seine Aussagen bezogen auf Russland) wörtlich wiedergegeben wird (Interviewfragen in fett):

... Am kritischsten beurteile ich aber den Umgang mit Russland.

Weshalb?
Im Rückblick bin ich der Ansicht, dass man Russland 1996 (noch) nicht in den Europarat hätte aufnehmen dürfen. Zu diesem Schluss kam damals bezeichnenderweise auch jene Europarats-Kommission, welche die entsprechenden Abklärungen vornahm. Russland war einfach nicht soweit, und man wusste dies. Prompt gab es von Anfang an Schwierigkeiten. Russland mischte sich in kleinste Angelegenheiten ein, intervenierte sogar wegen der Anstellung von Sekretärinnen auf höchster Ebene und machte klar, dass es die Unabhängigkeit des Gerichtshofs nicht respektiert. So stand eines Tages der russische Botschafter in meinem Büro und forderte mich im Auftrag von Putin auf, die Richter des Europäischen Gerichtshofs für Menschenrechte (EGMR) anzuweisen, wie sie in einem bestimmten Fall zu entscheiden hätten. Natürlich lehnte ich in aller Deutlichkeit ab. Ich machte ihm klar, dass dies ein absolut unzulässiger Eingriff in die Unabhängigkeit des Gerichtes sei.

Mit welchem Ergebnis?

Der Botschafter warnte mich, er würde über diesen Besuch einen Bericht nach Moskau schreiben – und verließ mit hochrotem Kopf grußlos mein Büro. Es war nicht anders denn als offene Drohung zu verstehen.

Und wie reagierten Sie darauf?

Ich habe zuallererst mit meiner Familie besprochen, ob sich aus der Situation für uns eine zu große Gefahr ergibt. Meine Kinder waren damals schon erwachsen, weshalb sie mir freie Hand ließen. So hielt ich das Risiko für vertretbar. Hätte meine Familie anders reagiert, wäre ich als Präsident des Gerichtshofs möglicherweise zurückgetreten. Denn eines stand fest: Ein Einlenken gegenüber den Russen kam nicht infrage. Das gab ich Russland deutlich zu verstehen.

Hat Russland seine Drohung wahr gemacht?

Ein paar Tage nach dem Besuch des Botschafters in meinem Büro sendete das russische Staatsfernsehen einen Bericht, in dem behauptet wurde, der EGMR und ich hätten von den Plänen eines tschetschenischen Terroranschlages in Moskau gewusst, dies aber unter dem Deckel gehalten. Es war ein unverhohlener Angriff auf die Glaubwürdigkeit des Gerichtshofs und auf meine Integrität.

Und wie reagierte der Gerichtshof?

Ich machte umgehend klar, dass der EGMR solche Methoden nicht toleriert. Die EU hat sich in einer scharfen Stellungnahme hinter den Gerichtshof und hinter mich gestellt, worauf sich die Situation vordergründig beruhigt hat. Ein russischer Vertreter hat mir aber auch später noch zu verstehen gegeben, dass die Lage wegen meines „Ungehorsams" gegenüber Putin eskaliert sei und ich also der Schuldige sei. Der Vorfall zeigt, wie Russland mit der Gewaltenteilung umgeht. Ich habe wenig Zweifel, dass russische Richter ebenso in die Schranken gewiesen würden, wie dies bei mir versucht wurde.

Kurz darauf wurden Sie krank – und auch dies wurde mit dem Vorfall in Zusammenhang gebracht.
Auf einer Russland-Reise im Jahre 2006 erlitt ich eine lebensbedrohliche Staphylokokken-Vergiftung. Die Ursache ist unbekannt. Es lässt sich deshalb auch nicht völlig ausschließen, dass mir die Bakterien von dritter Seite verabreicht wurden. Ich habe dafür keinen Hinweis, und ich behaupte auch nicht, dass es so war. Aber gänzlich ausschließen lässt es sich nicht. Ich habe mir damals überlegt, die Strafverfolgungsbehörden einzuschalten. Doch das wäre kaum erfolgversprechend gewesen.

12.3 Respektierung der Freiheitsrechte

Die Respektierung der Meinungsfreiheit und der mit ihr verwandten Menschenrechte ist zwingend für einen Staat, der an die Spitze gelangen will. Diese Rechte haben den Geist in Europa von der autokratischen Knechtschaft befreit und bilden die Grundlage der wirtschaftlichen Prosperität. Längst aber wurden inzwischen die Menschenrechte verfeinert und mit wichtigen weiteren Grundrechten ergänzt. Die Freiheitsrechte allein genügen nicht, um die Prosperität zu sichern. Es braucht dazu auch die *Eigentumsgarantie*, setzt doch die Marktwirtschaft das Eigentum an der Handelsware, an den Produktionsmitteln, an Grund und Boden und am Kapital voraus. Wo Eigentum unsicher ist oder schlecht geschützt wird, ist keine Prosperität möglich.

Zu den Freiheitsrechten gehört die *Pressefreiheit*. Wo sie bedrängt oder die Presse gar zensuriert wird, ist auch keine feie Meinungsbildung und damit keine echte Demokratie möglich.

12.4 Demokratie

Ist Demokratie eine Voraussetzung für wirtschaftlichen Erfolg? Mit Blick auf China behaupten manche, Demokratie sei nicht notwendig. Ich bin auf diese Frage schon früher eingegangen (Abschn. 2.3 und 2.4) und habe dort festgehalten, dass ohne demokratische Freiheit die letzte Stufe an Innovationskraft fehlt, um ganz an die Spitze zu kommen.

Demokratie ist die Herrschaft des Volkes. Diese Herrschaft kann unterschiedlich weit gehen. Sie kann den Einfluss des Volkes auf die Wahl seiner Legislative alle paar Jahre beschränken, wobei diese Legislative alle anderen Wahlen (insbesondere auch die Wahl der Regierung) vornimmt und alle Sachentscheide fällt. Sie kann dem Volk auch weitere Kompetenzen, wie die Wahl seiner Exekutive oder die Wahl der Richter, geben und sie kann schließlich dem Volk Sachentscheide entweder obligatorisch oder aufgrund eines Referendums zuweisen. Entscheidend für den wirtschaftlichen Erfolg ist nicht, wie weit die Kompetenzen des Volkes gehen. Entscheidend ist vielmehr, dass die Kompetenzen so stark im Bewusstsein der Bevölkerung verankert sind, dass sie unantastbar bleiben und ein Machtwechsel durch Volksentscheid selbstverständlich ist. Entpuppt sich ein amerikanischer Präsident als Autokrat, so kann er dennoch nicht die Verfassung mit dem Ziel ändern, lebenslänglich Präsident zu bleiben; die Demokratie ist hier so stark verankert, dass seit der Verfassungsänderung von 1951 (Beschränkung auf zwei Amtsperioden) mit Sicherheit jeder Präsident nach der zweiten Amtsperiode gehen muss. Wenn andernorts ein Diktator die Macht der Gesetzgebung an sich reißen kann und das Parlament bedeutungslos wird oder wenn er sich die Justiz unterordnen kann, dann liegt keine Good Governance mehr vor und der wirtschaftliche Erfolg beginnt zu erodieren.

Eine wichtige Rolle der Demokratie ist, dass sich die Leute frei und glücklich fühlen. Sie haben allein deswegen besseren Erfolg.

Schließlich ist das Subsidiaritätsprinzip mit Dezentralisation der Kompetenzen nur in einer Demokratie möglich. Es gibt den Leuten das Gefühl, in ihrer Region selbst bestimmen zu dürfen und macht sie damit zu kompetenten und verantwortungsvollen Bürgern, die mit dem System zufrieden sind. Es fördert zudem die Konkurrenz unter den Regionen und damit die beste Lösung eines Problems. Autokraten dagegen wollen Macht ausüben, also zentralisieren, was den Erfolg behindert.

Weil Autokraten machtgetrieben sind, streben sie nach Einfluss auch in anderen Gebieten, wollen also ihr Territorium ausweiten, Gebiete annektieren und sie sind manchmal zum Erhalt ihrer Macht auch bereit, Kriege zu führen. Ihr außenpolitisch aggressives Auftreten rechtfertigen sie gegenüber ihrem Volk, zu dessen Ansehen beizutragen. Demokratien dagegen konzentrieren sich auf sich selbst. Sie nehmen kaum politischen Einfluss auf andere Länder und sie führen nur Krieg, wenn sie dazu von autokratischen Aggressoren gezwungen werden.

Eine Demokratie, die mindestens die Stabilität der Good Governance in einem Land garantiert, ist Voraussetzung für nachhaltigen wirtschaftlichen Erfolg.

»Die Entwicklung in obiger Richtung bedeutet nicht, dass die Welt perfekt wird. Sie bedeutet nur, dass sie besser wird.

13

Thesen und Fazit

Zum Schluss fasse ich die Erkenntnisse in einigen Thesen
zusammen:

– Eine Berufung der Menschheit kennen wir nicht. Wir
  sollten aber die künftige evolutionäre Entwicklung des
  Menschen nicht wie bisher dem Zufall überlassen, sondern selber finden. Diesen Weg zu finden, ist das Ziel.
– Bildung und Erziehung sind das wichtigste Fundament
  für den Wohlstand.
– Die Menschenrechte schufen in Europa ein neues Wertesystem, dem *Selbstverantwortung* und *Freiheit* zugrunde-
  liegen. Diese Werte stehen am Anfang einer breiten Prosperität für alle.
– Im Wohlstand sind eine sinnvolle Erneuerung und
  Wachstum notwendig, um die Konkurrenzfähigkeit und
  damit den Lebensstandard zu halten. Nur wer Neuerungen begrüßt und ein Klima schafft, das dem Wandel gegenüber offen ist, wird an der Spitze bleiben.

© Der/die Herausgeber bzw. der/die Autor(en), exklusiv lizenziert durch
Springer Fachmedien Wiesbaden GmbH, ein Teil von Springer Nature 2020
M. Meyer, *Liberaldemokratie*,
https://doi.org/10.1007/978-3-658-30478-2_13

– Menschen, die den Wandel ablehnen und nach Möglichkeiten suchen, sich jenseits des Wettbewerbs Vorteile zu verschaffen, wollen den Markt aus Eigeninteressen zu ihren Gunsten regeln. Jeder derartige Markteingriff führt aber zu einem höheren Preisniveau. Die Summe der Markteingriffe spiegelt das Preisniveau und somit den Lebensstandard einer Volkswirtschaft.

– Soll eine gesellschaftliche Gruppe durch einen Markteingriff vor Wandel und Wettbewerb geschützt werden, geht dies immer zulasten der Allgemeinheit und letztlich des Wohlstands aller – auch der vermeintlich geschützten Gruppe. Diese darf sich zudem lediglich in einer vorübergehenden Sicherheit wähnen. Der immer größer werdende Rückstand gegenüber erneuerungsfähigen Gesellschaften muss später zu einem hohen Preis nachgeholt werden.

– Staatseingriffe verlangen Staatsmacht zu ihrer Durchsetzung. Da jede Ordnung, welche die Freiheit der Menschen beschränkt, mit der Zeit unterlaufen wird, bedingt der Schutz der Privilegien weitere Staatsmacht. Das führt zur Spirale der Staatseingriffe, wobei die Staatsgewalt immer erdrückender und die Einschränkung der Freiheit immer größer werden.

– Markteingriffe sowie eine hohe Regulierungsdichte führen zu Umverteilungen der erarbeiteten Mittel. Sie werden in der Staatsquote gezeigt. Je höher die Staatsquote, desto mehr Leute hängen am Staatstopf, desto günstiger wird das Klima für weitere Staatseingriffe und desto weiter sinkt der Wohlstand. Es muss daher dringend *ein Mechanismus zur Beschränkung der Staatsquote* gefunden werden.

– Die Möglichkeiten des Wandels sind durch den Regulierungsgrad einer Gesellschaft begrenzt. Die Regulierung bremst die Veränderung. Ob eine Volkswirtschaft ihre Erneuerungskraft und ihre Prosperität erhalten oder gar mehren kann, spiegelt sich in ihrer Regeldichte. Je stärker sie reguliert ist, umso höher steigt das Preisniveau und umso tiefer sinkt der Wohlstand. Es muss daher dringend *ein Mechanismus zur Beschränkung der Regeldichte* und *zur Einschränkung der Bewilligungserfordernisse* gefunden werden.

- Zu viel Staat, eine zu große Regulierungsdichte mit einem überdimensionierten Staatsapparat zur Kontrolle, zu viele Umverteilungen und eine sehr hohe Staatsquote, müssen bezahlt werden. Die Steuern steigen. Finanzieren muss der Mittelstand, dessen Wohlstand erodiert. Er wehrt sich, indem er den bisherigen Parteien misstraut und Randparteien wählt oder gar den Lockrufen eines Autokraten folgt. Die Demokratie ist gefährdet.
- Maßnahmen dagegen sind der Abbau der Forderungen an den Staat, dessen Verschlankung, eine Reduktion der Umverteilungen und der Staatsquote sowie eine Reduktion der Steuern und Abgaben namentlich für den Mittelstand aber auch für alle anderen Steuerpflichtigen (keine neuen Umverteilungen).
- Noch mehr Staat mit Steuererhöhungen zu dessen Finanzierung und mit Steuerharmonisierungen zur Durchsetzung der höheren Steuern beschränkt die Prosperität und gefährdet letztlich die Demokratie.

Die *Liberaldemokratie* hat vielen Menschen einen noch nie dagewesenen Wohlstand gebracht. Mit dieser Schrift will ich aufzeigen, in welche Richtung sie sich als bisher einziges erfolgreiches Wertesystem entwickeln sollte. Hoffentlich verhindert die Trägheit der Wohlstandsgesellschaft in Verbindung mit den dubiosen Angriffen der Autokraten das nicht.

Voraussetzung, damit eine Nation an die Spitze gelangt, ist eine liberale Wirtschaft.

Liberalismus ist kein politisches System. Es sind wirtschaftliche Spielregeln. Sie fördern den Konkurrenzkampf in festen gesetzlichen Strukturen. Dieser Konkurrenzkampf hat zu Innovationen, zu Forschung und zu enormer Produktivität geführt, also den Fortschritt des Wohlstands massiv gefördert.

Allerdings muss Liberalismus begleitet sein von Freiheit und Rechtssicherheit mit einer unabhängigen Rechtsprechung, aber auch von Chancengleichheit. Die Gesetze müssen Rechtsstaatlichkeit garantieren. „Good Governance" ist die Voraussetzung für den Erfolg. Das bedingt eine stabile Demokratie, die nicht von einem machtbesessenen Autokraten geknackt werden kann, der die Regeln zu seinen Gunsten abändern will.

Autokraten behaupten, der Illiberalismus (Russland und vereinzelte osteuropäische Staaten) oder eine diktatorische Regierung unterstützt durch Technokraten (China und weitere südost-asiatische Staaten) sei effizienter und führe schneller zu Wohlstand als der Liberalismus auf einem demokratisch-rechtsstaatlichen Fundament. Solche Behauptungen dienen vor allem zur Rechtfertigung des eigenen Systems und der eigenen Macht. Zwar können die anfänglichen Schritte zum *Wohlstand* von einer autokratischen Führung, die das Volkswohl und nicht die eigene Macht will, vielleicht effizienter verwirklicht werden. Sobald aber ein gewisser Wohlstand erreicht ist, verlangen die Menschen nach *Wohlbefinden* – also nach Freiheit und Mitbestimmung. Nur in einer solchen Atmosphäre treiben sie die Entwicklung bis zur Spitze voran.

Die Staaten mit Menschenrechtstradition haben ein weitaus besseres Umfeld für eine wirtschaftlich gute Entwicklung. Sie werden den Vorsprung gegenüber autokratischen Staaten immer beibehalten.

Die Spielregeln des Liberalismus stehen politisch weder rechts noch links. Der Liberalismus darf daher nicht in die politisch rechte Ecke gedrängt werden, wie das in Europa vermehrt geschieht. Denn Liberalismus und Sozialstaat sind keine Gegensätze. Im Gegenteil galt früher der Liberalismus als politisch links; er ist das in den USA immer noch.

Angriffe auf die Liberaldemokratie kommen nicht nur von Autokraten, sondern auch von innen. So führt die enorme Überregulierung zur Schwächung der Unternehmer und eine ebenso enorme Gesetzesflut mit starken Umverteilungen zu einer Belastung des Mittelstandes, die er nicht mehr ertragen kann. Ein starker Mittelstand aber ist wichtig für eine friedlich prosperierende Gesellschaft. Schließlich spült das Leben im Wohlfahrtsstaat immer wieder Ideologen oder gar Parteien an die Oberfläche, die noch von veralteten Wirtschaftssystemen (wie z. B. dem Marxismus) träumen, welche sich bisher nirgends bewährt haben.

In der Politik geht es meist darum, ob „mehr Staatseingriffe" oder „weniger Staatseingriffe" gefordert werden. Im Kern steht die Frage, ob der Staat die ständige Erneuerung in freiheitlichen Regeln begünstigen soll oder ob er in bequemen, aber starren und vielleicht sogar autokratischen Strukturen Sicherheit geben will. Darin liegt das wirtschaftliche Spannungsfeld zwischen rechts und links im politischen Lager.

Nur wenn dieser Grundkonflikt zugunsten derer ausgeht, welche die freiheitliche Marktordnung gegenüber der staatlichen Lenkung bevorzugen, kann die Wirtschaft weiterhin im Interesse aller gedeihen. Nur dann kann der Liberalismus den Fortschritt weiter fördern.

Literatur

Böckenförde, E.-W. (2007). *Der säkularisierte Staat: Sein Charakter, seine Rechtfertigung und seine Probleme im 21. Jahrhundert.* München: Carl-Friedrich-von-Siemens-Stiftung.

Bundesamt für Statistik. (2019a). Polizeiliche Kriminalstatistik 2018. https://www.bfs.admin.ch/bfs/de/home/aktuell/neue-veroeffentlichungen.assetdetail.7726202.html. Zugegriffen am 02.04.2020.

Bundesamt für Statistik. (2019b). Struktur der ständigen Wohnbevölkerung nach Kanton, 1999–2018. https://www.bfs.admin.ch/bfs/de/home/statistiken/kataloge-datenbanken/tabellen.assetdetail.9466879.html. Zugegriffen am 03.04.2020.

Bundesamt für Statistik. (2020). Lebensstandard und Ungleichheit der Einkommensverteilung in ausgewählten europäischen Ländern. https://www.bfs.admin.ch/bfs/de/home.assetdetail.11467945.html. Zugegriffen am 02.04.2020.

Bundesamt für Statistik. (o.J.). Ungleichheit der Einkommensverteilung. https://www.bfs.admin.ch/bfs/de/home/statistiken/wirtschaftliche-soziale-situation-bevoelkerung/soziale-situati-

© Der/die Herausgeber bzw. der/die Autor(en), exklusiv lizenziert durch Springer Fachmedien Wiesbaden GmbH, ein Teil von Springer Nature 2020
M. Meyer, *Liberaldemokratie,*
https://doi.org/10.1007/978-3-658-30478-2

on-wohlbefinden-und-armut/ungleichheit-der-einkommensverteilung.html. Zugegriffen am 02.04.2020.

Charbonneau, N. (2019). Kindersterblichkeit weltweit: Warum sterben eigentlich Kinder? https://www.unicef.de/informieren/aktuelles/blog/kindersterblichkeit-weltweit-warum-sterben-kinder/199492. Zugegriffen am 14.04.2020.

DasErste.de. (o.J.). Wie altert unser Gehirn? https://www.daserste.de/information/ratgeber-service/hirschhausens-check-up/alter/wie-altert-unser-gehirn-100.html. Zugegriffen am 14.04.2020.

Dawkins, R. (2016). *The selfish gene*. Oxford: Oxford University Press.

Der Spiegel. (2019). Wer glaubt denn sowas? Heft 17/2019 vom 19.04.2019.

Gratwohl, N. (2015). Die Einkommensunterschiede nehmen ab. *Neue Zürcher Zeitung*. https://www.nzz.ch/wirtschaft/die-einkommensunterschiede-nehmen-ab-1.18590090. Zugegriffen am 11.05.2020.

Hegel, G. W. F. (1817). *Enzyklopädie der philosophischen Wissenschaften im Grundrisse*. Heidelberg.

Hesse, H. (2008). Brief (Sept. 1960) an Wilhelm Gundert. In U. Lindenberg (Hrsg.), *Mein Hermann Hesse – Ein Lesebuch*. Frankfurt a. M.: Suhrkamp.

International Monetary Fund (IMF). (2020). World Economic Outlook, January 2020. https://www.imf.org/en/Publications/WEO/Issues/2020/01/20/weo-update-january2020. Zugegriffen am 03.04.2020.

Khanna, P. (2019). *The future is Asian*. London: The Orion Publishing Group Ldt (Weidenfeld & Nicolson).

Konsolidierte Fassung des Vertrags über die Arbeitsweise der Europäischen Union. (2008). Protokoll (Nr. 2) über die Anwendung der Grundsätze der Subsidiarität und der Verhältnismäßigkeit. https://eur-lex.europa.eu/legal-content/DE/ALL/?uri=CELEX:12008E/PRO/02. Zugegriffen am 30.04.2020.

Landes, D. (1910). *The wealth and poverty of nations: Why some are so rich and some so poor*. New York: W.W. Norton & Company. (Wohlstand und Armut der Nationen).

Link, A. (08. Juni 2019). Unglaublich, wie viele Deutsche an die Hölle glauben! Bild.de. https://www.bild.de/politik/ausland/politik-ausland/umfrage-zu-pfingsten-glauben-die-deutschen-noch-an-himmel-und-hoelle-62449638.bild.html. Zugegriffen am 03.04.2020.

Monks – Ärzte im Netz. (o.J.). Entwicklung von Gehirn und Nervensystem. https://www.neurologen-und-psychiater-im-netz.org/gehirn-nervensystem/entwicklung/. Zugegriffen am: 14.04.2020.

Neue Zürcher Zeitung. (2019). *Es war nicht anders denn als offene Drohung zu verstehen.* Ausgabe vom 16. April 2019, S. 14–15.

Olson, M. (1982). *The rise and decline of nations.* New Haven/London.

Piketty, T. (2013). *Das Kapital im 21.Jahrhundert.* Verlag C.H. Beck (französische Originalausgabe „Le Capital au XXIe siècle" erschienen im August 2013).

Rosling, H. (2018). *Factfulness. Ten reasons we're wrong about the world – And why things are better than you think.* New York: Flatirion Books.

Statista. (2019a). Lebenserwartung von Männern und Frauen bei der Geburt in Deutschland im Zeitraum der Jahre 1871 bis 2018. https://de.statista.com/statistik/daten/studie/185394/umfrage/entwicklung-der-lebenserwartung-nach-geschlecht/. Zugegriffen am 02.04.2020.

Statista. (2019b). Statistiken zum Thema Lebenserwartung. https://de.statista.com/themen/47/lebenserwartung/. Zugegriffen am 02.04.2020.

Statista. (2019c). Italien: Staatsverschuldung von 1988 bis 2018 und Prognosen bis 2024. https://de.statista.com/statistik/daten/studie/167737/umfrage/staatsverschuldung-von-italien/. Zugegriffen am 19.03.2020.

Vereinte Nationen. (2015). Resolution der Generalversammlung, verabschiedet am 25. September 2015. https://www.un.org/Depts/german/gv-70/band1/ar70001.pdf. Zugegriffen am 15.03.2020.

Vertrag über die Arbeitsweise der Europäischen Union (AEUV). Art. 3. https://dejure.org/gesetze/AEUV/3.html. Zugegriffen am 14.04.2020.

Vertrag über die Europäische Union (EU-Vertrag). Art. 5. https://dejure.org/gesetze/EU/5.html. Zugegriffen am 30.04.2020.

Printed in the United States
By Bookmasters